Emil Thommen

Studien zu Thukydides

Emil Thommen

Studien zu Thukydides

ISBN/EAN: 9783744639774

Hergestellt in Europa, USA, Kanada, Australien, Japan

Cover: Foto ©Andreas Hilbeck / pixelio.de

Weitere Bücher finden Sie auf **www.hansebooks.com**

Studien zu Thukydides.

INAUGURAL-DISSERTATION

ZUR

ERLANGUNG DER DOCTORWÜRDE

EINGEREICHT

BEI DER HOHEN PHILOSOPHISCHEN FACULTÄT

DER

UNIVERSITÄT BASEL

VON

EMIL THOMMEN.

BASEL
BUCHDRUCKEREI EMIL BIRKHAEUSER.
1889.

Studien zu Thukydides.

INAUGURAL-DISSERTATION

ZUR

ERLANGUNG DER DOCTORWÜRDE

EINGEREICHT

BEI DER HOHEN PHILOSOPHISCHEN FACULTÄT

DER

UNIVERSITÄT BASEL

VON

EMIL THOMMEN.

BASEL
BUCHDRUCKEREI EMIL BIRKHAEUSER.
1889.

I.

THUKYDIDES UND BRASIDAS.

Die historische Forschung hat beinahe für jeden Geschichtschreiber des griechischen und römischen Alterthums die Frage nach der Quellenbenützung gestellt und in manchen Fällen glücklich gelöst. Auch die Partien des thukydideischen Geschichtswerks, welche zeitlich weit zurückliegende Dinge behandeln und also Benützung litterarischer Quellen vermuthen lassen, sind auf ihren Ursprung hin geprüft worden.[1]

Für die eigentliche Zeitgeschichte hat man sich lange mit den gelegentlichen Aeusserungen[2] des Thukydides selbst zufrieden gegeben. Und doch scheint es nicht unmöglich, dass aus der Darstellung der zeitgenössischen Dinge heraus auf gewisse Parteirichtungen, ja auf bestimmte Persönlichkeiten könne geschlossen werden, von denen dem Geschichtschreiber Berichte zugekommen sind, wenn auch auf unbedingte Sicherheit nicht darf Anspruch erhoben werden.

Bis jetzt haben, soviel mir bekannt ist, nur Fellner[3] und Swoboda[4] versucht, die Benützung von Mittheilungen bestimmter, mithandelnder Personen nachzuweisen. Fellner hat die Behauptung aufgestellt (pg. 65—74), Thuk. habe der Darstellung des jonischen Krieges im 8. Buche die Relationen des Alkibiades zu Grunde gelegt, ausgehend von dem Umstand, dass im selben Landstrich, wo Thuk. wahrscheinlich wenigstens einen Theil seiner Verbannung zubrachte, auch Alkibiades gelebt habe, nachdem er in kluger Voraussicht den jonischen Kriegsschauplatz verlassen hatte. (pg. 67).[5]

---

[1] Eduard Wölfflin, Antiochos von Syrakus und Coelius Antipater. Winterthur 1872. — U. Köhler, „über die Archäologie des Thukydides" in den Commentationes philologae in honorem Th. Mommseni (Berlin 1877) pg. 370—377.

[2] I. 22. 2. V. 26. 5. VII. 44. 1.

[3] Thomas Fellner, Forschung und Darstellungsweise des Thukydides gez. an e. Kritik des achten Buches. Wien 1880.

[4] H. Swoboda, Thukydideische Quellenstudien. Innsbruck 1881.

[5] vgl. Rec. v. L. Herbst im Jahresb. f. Philol. 40. 1881. pg. 331 ff.

Fellner baut einem Einwurf gegen die Kühnheit seiner Hypothese vor durch den Hinweis darauf, „dass wir die Erkenntnis dieser Thatsache nur dem Umstande verdanken, dass Thukydides sein Werk nicht vollendet und uns lediglich den Entwurf zu einer Geschichte des jonischen und hellespontischen Krieges hinterlassen hat." (pg. 74).

Swoboda unternahm es, den Beweis dafür zu liefern, dass Thuk. für die Thätigkeit des Demosthenes in Pylos und Akarnanien von diesem selbst Mittheilungen erhalten haben müsse, und dass — was mit dem erstern in enger Verbindung steht — seine Erzählung dem Demosthenes günstig gefärbt sei. (pg. 37—60).[1]

Nun hat J. v. Pflugk-Harttung in seiner Schrift „Perikles als Feldherr"[2] (pg. 122) die Ansicht ausgesprochen, dass für die erste Abtheilung des peloponnesischen Krieges in der thukydideischen Darstellung neben Autopsie *Brasidas* die Hauptquelle gewesen sei.

Die folgende Untersuchung setzt sich als Ziel, diesen Gedanken durch die Bras. selbst betreffenden Partien der ersten Hälfte des thukydideischen Geschichtwerks zu verfolgen und seine Wahrscheinlichkeit zu prüfen.

Die Spuren einer persönlichen Berührung der beiden Männer, die sich aus ihren örtlichen Beziehungen leicht erklären lässt, dürften vor allem sichtbar sein in der unverkennbaren Bevorzugung,[3] mit der Thuk. bei den ersten Stationen von Brasidas' Laufbahn verweilt, wo sein Auftreten als Offizier und Commissär, so rühmenswerth es an und für sich war, doch noch keine ungewöhnliche Einwirkung auf den Gang der Kriegsereignisse ausübte.

Es ist eine glänzende That, um deretwillen Bras. zum ersten Male dem Leser vorgestellt wird. Eine athenische Streifflotte von 100 Schiffen hatte im Sommer 431 nach mancherlei Feindseligkeiten an der peloponnesischen Küste, verstärkt durch 50 kerkyräische Schiffe und Bundesgenossen aus jener Gegend, das schwach befestigte und von keiner Garnison geschützte Methone an der messenischen Küste angegriffen. „Nun befand sich, so fährt Thuk. II. 25. 2. fort, in dieser Gegend eben Brasidas, des Tellis Sohn,

---

[1] vgl. Classen, Einl. XXIII. B. IV. 4. Anm. — Rec. von W. Jerusalem. Zts. f. öst. Gym. 34. Jahrg. pg. 455—59.
[2] J. v. Pflugk-Harttung, Perikles als Feldherr, Stuttgart 1884.
[3] vgl. Classen Anm. zu II. 25. III. 79.

ein Spartiate, als Commandant eines Wachpostens, und sobald er es wahrgenommen, eilte er den Einwohnern jenes Platzes mit 100 Hopliten zu Hilfe. Er durchrannte die gelagerten Athener, die sich über die Gegend hin zerstreut hatten und der Mauer zugewandt waren, warf sich in die Stadt Methone hinein und rettete sie so mit einem geringen Verlust an Leuten. Und für dieses kühne Wagestück wurde ihm als dem ersten in diesem Kriege Belobigung in Sparta zu Theil."

Thuk. berichtet über die jährlichen Streifzüge der athenischen Flotte jeweilen sehr knapp und lässt sich nirgends auf Einzelheiten ein. Ich verweise zur Vergleichung auf die Berichterstattung dieses von Proteas und Karkinos befehligten Zuges in II. 23. 25, 31.; der von Kleopompos geführten Expedition nach der lokrischen Küste in c. 26, und des in c. 56 erzählten, von Perikles selbst im Jahre 430 mit gewaltiger Streitmacht unternommenen und doch so erfolglosen Streifzugs um die peloponnesische Küstenlande. [1]) Es verdient deshalb wohl Beachtung, dass hier, wo ein bisher unbekannter spartanischer Offizier sich durch einen glücklichen Handstreich auszeichnet, dessen Bedeutung damals offenbar gar nicht erkannt wurde, dem spröden Griffel auf einmal reichlichere Worte entquellen.

Man könnte auch wohl zweifeln, ob es den Athenern zu Ohren gekommen sei, dass Bras. für sein Wagestück als der erste Spartaner in diesem Kriege öffentlich belobt wurde. Jedenfalls darf man fragen: warum hält es Thuk. nicht der Mühe werth, auch die andern Offiziere zu nennen, denen in der Folgezeit diese Auszeichnung zu Theil wurde? Vielleicht, weil der Gewährsmann für diese Episode niemand anders als Bras. selber war. [2])

Während Bras. im Spätsommer des 3. Kriegsjahres gemeinsam mit Knemos als ξύμβουλος gegen Phormion operirte, hat ihn Thuk. nicht aus den Augen verloren. Obwohl unter den „Beiräthen" oder „Commissären", die von Sparta Knemos zur Seite gestellt waren, allem Anschein nach kein Rangunterschied bestand, ja sogar, wo alle mit Namen genannt sind (offenbar in officieller Form), Bras. nicht an erster, sondern an zweiter Stelle aufgeführt ist (II. 85. 1.),

---

[1]) vgl. Dunker Geschichte des Alterthums, Bd. 9. pg. 452. — J. v. Pflugk-H. „Perikles" pg. 103. — L. Herbst, Philol. 46. 1888. pg. 577—8.

[2]) Würden wir wohl nicht auch, wenn kein spartanischer Bericht vorläge, von einer grössern Zahl als bloss 100 Hopliten hören?

scheint er doch eine dominirende Stellung eingenommen zu haben, die ihm seine schon durch die That bewiesene militärische Fähigkeit anwies. Bei Thuk. tritt dies denn auch deutlich zu Tage, indem, wo es sich um wichtige Entschliessungen der lakedaimonischen Führer handelt, Bras. neben Knemos in erster Linie mit Namen, die übrigen nur nebenbei genannt werden. (II. 86. 6. vgl. II. 93. 1 III. 69. 2).[1])

Im Anfang des Winters 429 versuchten die lakedaimonischen Commandanten auf Anrathen der Megarer vor der Auflösung ihrer Flotte noch einen ungemein kühnen Handstreich auf den Peiraieus. Der ganze Anschlag war in den Schleier des tiefsten Geheimnisses gehüllt. Am betroffenen Orte hatte Niemand die leiseste Ahnung von dem, was bevorstand. Der Anschlag wurde im Dunkel der Nacht ausgeführt. Thuk. ist mit den Vorbereitungen, mit der Art und Weise, wie der Plan durchgeführt wurde, bis in's Kleinste vertraut. Was er gibt, ist nicht Combination der in ihrer Nachtruhe Ueberraschten, kann kaum etwas Anderes sein als Mittheilung eines Eingeweihten. Nicht nur die Befürchtungen wegen der verwendeten alten Fahrzeuge,[2]) sondern auch der ‚hinderliche Wind' klingen wie Entschuldigungen der spartanischen Führer für ihre mangelnde Entschlossenheit im Handeln. Obwohl Thuk. diesen Begründungen offenbar nur halben Glauben schenkt,[3]) so ist doch nicht zu verkennen, dass er der lakedaimonischen Version möglichst Rechnung trägt. Und wem anders kommt das in erster Linie zu gute als Bras., der seinem ganzen Wesen nach und gemäss der Darstellung des Thuk. bei diesem offensiven Vorgehen als das trei-

---

[1]) Was Thuk. II. 85 über die Stimmung sagt, mit der man in Sparta die erste Niederlage der peloponnesischen Flotte im korinthischen Busen aufnahm, welche die Absendung der „Commissäre" zur Folge hatte, dürfte angesichts der Heimlichkeit, in die sonst Beschlüsse, Massregeln und Motive der spartanischen Behörden gehüllt sind, den Gedanken nicht als unbegründet erscheinen lassen, dass hier die bestimmte Aussage eines Spartaners wiedergegeben wird, dass Thuk., andern Deutungen der Massregel, die sonst konnten aufgestellt werden, mit seinem bessern Wissen, das sich auf zuverlässige Erkundigungen stützt — ich meine bei Bras. — entgegentreten will. So kann wenigstens das stark betonte $\dot{o}\varrho\gamma\tilde{\eta}$ οὖν ἀπιστεῖλον verstanden werden.

[2]) 94. 3. Wenn die 40 Fahrzeuge bis nach Salamis hielten, so hätten sie wahrscheinlich auch bis zum Peiraieus gehalten.

[3]) 93. 4. καί τις καὶ ἄνεμος λέγεται αὐτοὺς κωλῦσαι — dagegen 94. 1. καὶ οὐκ ἂν ἄνεμος κατεκώλυσεν.

bende Element anzusehen ist, dem auch in diesem Falle der Ruhm des Gelingens und der Schimpf des Misslingens zufiel. Wiederum können wir nur an eine spartanische Quelle denken, wenn wir in der Erzählung der spartanischen Unternehmung gegen das durch Bürgerkrieg zerrissene Kerkyra III. 79. 3 lesen: „Den nächstfolgenden Tag rückten sie (die Lakedaimonier) ebensowenig gegen die Stadt heran, obwohl die Leute in voller Verwirrung und Furcht waren, und Brasidas auch, wie es heisst, den Alkidas dazu zu bereden suchte, doch aber nicht gleiche Stimme hatte." (vgl. p. 8 oben). Durch den Zusatz „ὡς λέγεται" ist nun allerdings diese Bemerkung als eine nicht eben feststehende Thatsache, aber doch von gewissen Leuten überlieferte Relation gekennzeichnet. Von welcher Seite ist dieselbe zur Kenntnis des Thuk. gelangt? Doch offenbar nicht aus der Umgebung des Alkidas, dem hierdurch ein unrühmliches Zeugnis ausgestellt wird; am wahrscheinlichsten ist, dass dieser Umstand von der Persönlichkeit geltend gemacht und zur Kenntnis gebracht wurde, deren Ruf er — nicht zu erhöhen — nur zu stützen geeignet war.

Wenn es anderwärts gelingen sollte, wahrscheinlich zu machen, dass Thuk. dem Bras. selbst Nachrichten verdankte, so dürfte es am Platze sein, auch hier an diese Quelle zu denken. Ich würde nicht anstehen zu behaupten, dass das erwähnte ὡς λέγεται nur als eine Umschreibung der angenommenen Vermittlung zu betrachten sei, von der Absicht eingegeben, diese directe Mittheilung in die Form einer von gewissen Leuten abstammenden Relation oder in die Form einer landläufigen Annahme zu kleiden.

Für die bei Pylos sich abspielenden und die damit in Verbindung stehenden Vorgänge hat u. a. schon Swoboda (a. a. O. pg. 48—50) Spuren spartanischer Berichte aufgedeckt. Es liegt nicht ferne, den Ausgangspunkt derselben in Bras. zu suchen, dessen energisches Vorgehen als Trierarch in der Gesammtschilderung ja so leuchtend hervortritt. [1])

---

[1]) Es kann da hingewiesen werden auf die Berichte von den Hoffnungen, die man anfangs bei den Lakedaimoniern auf die Berennung mit Maschinen setzte, von der Geringschätzung, mit der man von der Widerstandskraft der improvisirten Festung sprach (IV. 5. 1. 8. 1. 8. s. 13. 1), und auf die Nachricht, dass die Lakedaimonier „im Sinne gehabt hatten", falls sie die Befestigung nicht vor Ankunft der athenischen Flotte von Zakynthos her in ihre Gewalt bekämen, „auch die Eingänge in den Hafen zu sperren, damit es den Athenern nicht möglich wäre,

In der glänzenden Schilderung des Sturms der peloponnesischen Land- und Seemacht (IV. 11—12), die zu einem Bilde von wahrhaft dramatischer Lebendigkeit ausgemalt ist, wird dem verzweifelten Versuch des Bras., die Landung zu erzwingen, die sorgfältigste Aufmerksamkeit zu Theil. Nicht als ob sich sein Vorgehen durch Genialität auszeichnete; es ist nur geeignet, dem Leser von der rücksichtslosen Energie und der löwenähnlichen Tapferkeit desselben einen möglichst hohen Begriff zu geben und seine Gestalt vor der eines Alkidas, in dem die altspartanische Bedächtigkeit und Schwerfälligkeit in unheilvoller Weise verkörpert war, in's hellste Licht zu setzen.

Für das Verhältnis, in dem Thuk. zu Bras. steht, ausserordentlich bezeichnend und deshalb der Beachtung werth scheint mir die Nachricht über die Art und Weise, wie Bras. seinen Schild verlor. Ist es wohl nur eine Bewunderung aus der Ferne, die Thuk. sichtlich bemüht sein lässt,[1]) das Herabgleiten des Schildes als Folge völliger Erschöpfung durch ehrenvolle Wunden darzustellen, dann vor allem ihn nicht direct in die Hand eines glücklichen Feindes gelangen, sondern erst durch die Wellen an's Ufer tragen zu lassen, so dass er dem Tropaion eigentlich nicht als ehrliches Beutestück eingefügt wird, sondern nur als ein herrenloses Strandgut, das der Sieger dem Zufall des Wellenschlags verdankt? Ich möchte die Wahrheit dieser Relation keineswegs in Zweifel ziehen; das aber dürfte als gewiss betrachtet werden, dass sie diese Gestalt nicht angenommen hätte, wenn sie Thuk. aus dem Munde der heimgekehrten Athener vernommen hätte. Sollte es nicht erlaubt sein anzunehmen, dass nicht nur jemand aus der Umgebung des Bras., sondern geradezu Bras. selbst der Gewährsmann für diese Details gewesen ist, die ihm doch am ersten um seiner Ehre willen bedeutungsvoll waren, auf die er ein hohes Gewicht legen musste, ohne dass sich deshalb der Vorwurf bramarbasirender Prahlerei und Eitelkeit gegen ihn erheben liesse?'

---

in denselben hinein sich ihnen gegenüber vor Anker zu legen. (IV. 8. 5 . . . . ἐν τῷ εἶχον . . . τ.-κλήσειν ἔμελλον . . . 13. 1. ὁ διενοήθησαν . . . — Ich will nicht verhehlen, dass speciell für diese bloss beabsichtigten Vorkehrungen Thuk. auch auf andere Weise sich Aufschluss verschaffen konnte, nämlich von den auf Sphakteria gefangenen Spartiaten, die von diesem Vorhaben allerdings Kunde gehabt haben werden; vgl. Swoboda a. a. O. pg. 49—50, u. Anm. 1 pg. 50.

[1]) vgl. Classen, Anm. zu d. Stelle: „Mit der Hervorhebung jedes kleinen Umstandes, der dem Verf. um des Bras. willen wichtig ist."

Bras. begegnet uns zum nächsten Male bei Thuk., wie er durch sein Dazwischentreten die Eroberung Megara's durch die Athener hindert (IV. 70—73). Wer die bestimmten, auffallend reichlichen Angaben über seine Hoffnungen, Absichten und Bewegungen, über die von ihm zusammengezogenen Truppen liest, wird sich dem Eindruck kaum entziehen können, als reiche hier die Annahme eines Berichterstatters aus den Reihen der megarischen Parteigänger des Bras.[1]) nicht aus, so z. B. wenn Thuk. erzählt, Bras. sei gegen Megara gezogen, immer in der Hoffnung, Nisaia werde sich bis zu seiner Ankunft halten, er habe die Nachricht von dessen Uebergabe eben erfahren, als er Nachts auf Tripodiskos zu gerückt war (70. 2); er habe eben diesen Ort den Boiotern als Vereinigungspunkt bezeichnet (70. 1.). Bei der nachherigen Darlegung der Gründe indessen, die den Bras. und die Offiziere der verbündeten Contingente zur Vermeidung eines Entscheidungskampfes bestimmten, bleibt die Möglichkeit offen, dass sie aus dem Geschehenen erschlossen seien.[2])

Diese kurze Betrachtung der „Vorgeschichte" des Bras. hat meiner Ansicht nach gezeigt, dass für alle Vorgänge, bei denen er im Vordergrund steht, Thuk. eine Fülle von Nachrichten zu Gebote stand, und zwar Nachrichten von einer solchen Beschaffenheit, dass sie auf Bras. als Gewährsmann fast von selbst hinzuleiten scheinen.

Wir wenden uns nun zu der grossen Expedition des Bras. nach der Chalkidike, welche deshalb vor allem das Interesse des Lesers fesselt, weil sich in ihr ein neuer, grosser Gedanke der lakedaimonischen Politik äussert, weil Bras., von der bisherigen schwerfälligen, nie auf die Dauer weit ausgreifenden Kriegsweise abgehend, endlich eine Diversion unternahm, die allein eine Gewähr für nachhaltigen Erfolg, für empfindliche Schädigung des Gegners bieten konnte.

Das warme Interesse, ja die Verehrung und Begeisterung des Geschichtschreibers für Bras. offenbart sich nicht nur in der hohen Würdigung seiner Verdienste, seiner Bedeutung für Sparta, in den Worten des c. IV. 81. sondern in der ganzen Behandlung seines Feldzugs bis zu seinem Tode.[3])

---

[1]) Auf einen solchen scheinen die Mittheilungen in c. 68 zu deuten.
[2]) Nach E. A. Junghahn, Jahrb. f. Phil. Bd. 119. 1879 pg. 353 ff. geht dies sogar aus der Art der Begründung hervor.
[3]) vgl. Müller-Strübing, Aristophanes pg. 481.

Ungefähr im August 424 trat Bras. seinen Marsch nach dem Norden an, mit 1700 Hopliten, darunter 700 Heloten, die ihm die spartanischen Behörden mitgegeben hatten; die übrigen waren peloponnesische Söldner (IV. 80. 2). Des Thuk. Bericht über diesen Marsch bis nach Dion ist ein Beweis dafür, wie vorzüglich der Gewährsmann, der von Thuk. zu Rathe gezogen wurde, über die Einzelheiten desselben Bescheid wusste. Wir werden in ihm jemanden vermuthen, der im brasideischen Heere mitzog, und zwar, wie sich aus einigen Anzeichen erkennen lässt, kann es nicht der erste beste gewesen sein, sondern jemand, der Gelegenheit hatte, den Verkehr des Bras. mit freundlich oder feindlich gesinnten Persönlichkeiten zu beobachten, der Ohrenzeuge seiner diplomatischen Verhandlungen war.

Dass Bras. mit einer so geringen Truppenzahl durch ein Land ziehen konnte, das bisher zu Athen in freundschaftlichem Verhältnis gestanden hatte, war merkwürdig genug und, wie Thuk, 78. 3. sagt, nur deshalb möglich, weil die oligarchische Regierungsweise die democratische, die ὀλιγαρχία die ἰσονομία, überwog, weil der innere Zusammenhang der democratischen Elemente, gegenüber dem Adel, den sein Lebensinteresse auf ein Liebäugeln mit Sparta hinwies, nicht fest genug war, um einem Unternehmen, dessen Erfolg ihnen nicht gleichgiltig sein konnte, sofort mit überlegener Macht entgegenzutreten.

Es verdient nun erstens einmal Aufmerksamkeit, dass Thuk. die Namen der Oligarchen von Pharsalos und Freunde der Spartaner anzugeben weiss, die Bras. von Heraklea Trachinia aus durch Boten ersucht hatte, ihm entgegenzukommen, um ihn durch ihr Land zu geleiten (78. 1.), dass er angibt, diese hätten ihn in Melitia, im phthiotischen Achaja, getroffen, und dann, als er von hier seinen Marsch fortsetzte, hätten sich ihm noch andere Thessalier angeschlossen, unter diesen ein Freund des Perdikkas, Nikonidas von Larissa (78. 2.).

War nun um diese Zeit Thuk. noch in Athen,[1]) so lässt sich entgegnen, diese Dinge seien gewiss von athenerfreundlichen Thessaliern auf dem schnellsten Wege dorthin gemeldet worden, so auch die Namen der Oligarchen, die dem Bras. offenbaren Vor-

---

[1]) vgl. Müller-Strübing. Forschungen zu Thuk. 1881. pg. 56. — Aristophanes, pag. 708.

schub geleistet hatten, und auf diese Weise Thuk. zu Ohren gekommen; nicht minder der Inhalt der Verhandlungen, die am Enipeus zwischen Bras. und den befreundeten Adligen einerseits und den athenerfreundlichen Thessaliern anderseits gepflogen wurden (78. 3. 4.).

Würden wir aber, wenn der Bericht aus solcher Quelle stammte, von dem Umstand in Kenntniss gesetzt werden, der die oligarchischen Begleiter von der Anklage des Verrathes an der Gesammtheit der thessalischen Gemeinwesen freizusprechen geeignet war, dass sie nämlich versicherten, sie würden den Bras. ohne die Zustimmung der Gesammtthessalier (τοῦ κοινοῦ τῶν Θεσσαλῶν) nicht weiter führen, und geleiteten ihn. der ganz plötzlich erschienen sei, bis jetzt nur, weil sie der Pflicht der Gastfreundschaft folgten" (78. 4)?[1]) Auch scheinen die wenigen Worte, mit denen Art und Weise angedeutet wird. wie Bras. die aufgebrachten Thessalier beschwichtigte, völlig authentisch zu sein. Nicht weniger deutlich weisen meiner Ansicht nach im Folgenden mancherlei Angaben darauf hin, dass wir einen dem Bras. nahestehenden Theilnehmer des Zugs als Quelle zu denken haben, so z. B.. dass Bras. auf das Geheiss seiner Führer, zu eilen. bevor sich eine grössere Masse ansammelte, ohne anzuhalten in Eilmärschen weiter gezogen sei, die genaue Erwähnung aller Marschstationen. des Ortes, wo die thessalischen Geleiter ihn verliessen. Vielleicht ist auch die Erzählung von dem Helotenmorde, die hier eingeschaltet ist (80. 2—4), durch solche Vermittlung Thuk. zugetragen worden, obwohl die Nachrichten nicht so bestimmt lauten. dass sie nicht auch auf ein Gerücht könnten zurückgeführt werden, das. wer weiss wie. von Sparta sich über Hellas verbreitet hatte.

Eingehendere Kenntnis der die brasideische Unternehmung betreffenden Verhältnisse zeigt sich dagegen sofort nach dieser Abschweifung in der Notiz über die Zusammensetzung seines Heeres. 80. 3., besonders aber in der durchaus persönlichen Bemerkung, die sich in ähnlicher Weise kaum bei einem andern spartanischen Heerführer in Thuk. dürfte finden lassen, die Lakedaimonier hätten den Bras. vornehmlich deshalb abgesandt, weil er selbst für das Unternehmen war (80. 5). Vor der Zeit eines Lysander dürfte es ohne besondere Verumständigungen schwerlich zur Kenntnis an-

---

[1]) Denn zumal durch den Zusatz αἰφνίδιον παραγενόμενον wollten, wie Classen beifügt, die Oligarchen dem Verdacht eines verabredeten Planes vorbeugen.

derer Griechen gelangt sein, ob ein spartanischer Heerführer sein Commando auf blosse Ordre hin angetreten hatte, oder ob er deshalb damit betraut worden war, weil es seiner eigenen Absicht und Neigung entsprach. Allerdings steht Bras. mit Lysander, wie oft betont worden ist, auf einer Linie, insofern als er die athenische Macht von der „Peripherie des Reiches" aus, verbündet mit einem natürlichen Gegner Athens, zu zertrümmern unternahm, und dass, worauf es hier ankommt, das Unternehmen mit seiner Persönlichkeit auf's engste verflochten war, dass der Erfolg nicht so sehr ein Erfolg der dorischen Waffen als seines eigensten Wesens war.

Thuk. hätte aber ebenso gut Anlass gehabt, bei der Aussendung des Gylippos nach Sicilien (VI. 93. 2) anzudeuten, warum gerade *er* für diesen wichtigen Posten ausersehen wurde; denn auch diese Wahl war durch seine Persönlichkeit bedingt; von seinen Eigenschaften hing es ab, ob seine Sendung von Erfolg begleitet sein würde oder nicht, was ja deutlich darin ausgedrückt ist, dass er eigentlich bloss mit einem lakedaimonischen Mantel und Stecken abgeschickt wurde, und es wesentlich ihm überlassen blieb, die zur Unterstützung von Syrakus erforderlichen Machtmittel aufzubringen.

Hier bei Bras. aber wird uns nicht nur die Hauptursache seiner Wahl durch die spartanischen Behörden, sondern noch ein zweiter Grund mitgetheilt, der auf diese Wahl bestimmend eingewirkt habe, nämlich der Wunsch der Chalkidier (81. 1.). Es verräth sich hierdurch neben dem besondern Interesse des Geschichtschreibers für den spartanischen Heros auch ein Grad von Vertrautheit mit Dingen, die für jene in ihren Entschliessungen massgebend waren, der nur durch Erkundigungen bei einem, wie wir einstweilen sagen wollen, dem Bras. selbst wie den leitenden Kreisen Sparta's nicht ferne stehenden Manne ganz verständlich wird.

Wie wenig von dem, was Thuk. bisher über die Expedition des Bras. berichtete, den Athenern allgemein bekannt war, mit wie viel Recht wir also behaupten, Thuk. gebe nicht nur das wieder, was etwa durch Getreue aus Thessalien nach Athen berichtet wurde, das scheint mir hervorzugehen aus der auch sonst (— für die „Schuldfrage" des Thuk. —) wichtigen Notiz 82. 1.: „Damals nun, als er in die thrakische Provinz gelangt war, und die Athener das vernahmen, erklärten sie den Perdikkas als Feind, weil sie der Ansicht waren, er sei schuld an seinem Durchmarsch dorthin, und trafen für die Bundesgenossen in dieser Provinz vermehrte Schutzmassregeln." Also erst als die Nachricht eintraf, Bras. sei an der thrakischen Küste angekommen, wurde man auf die unmittelbar bevorstehende Gefahr aufmerksam und begegnete ihr, nothdürftig genug, durch Vermehrung der Schutzmassregeln für die Bundesunterthanenstädte. Dabei ist allerdings nicht zu übersehen, dass, als Bras. auf dem Marsche begriffen war, und als er in Chalkidike festen Fuss zu fassen anfing (wie Classen zur Vertheidigung des Thuk. Anhang zu Bd. IV. pg. 237, zu 106.₉ betont) der Anschlag auf Boiotien alle Gemüther erfüllte und bei seiner Ausführung im Spätherbst alle verfügbaren Kräfte in Anspruch nahm.

Das folgende Cap. 83, das den Feldzug des Perdikkas und Bras. gegen den Lynkesterkönig Arrhabaios erzählt, ist mir so recht ein Beleg dafür, aus welch unmittelbarer Nähe Thuk. die Nachrichten über das für Bras. und seinen Ruf Bedeutsame zuflossen.

Swoboda (a. a. O. pg. 15—16) hat die beiden Gründe, die Bras. bewogen, „die Affaire des Arrhabaios lieber auf unparteiische Weise zu erledigen" (83.₄), als zwei im Widerspruch stehende Berichte gedeutet; von diesen sei der erste, der die Chalkidier in ungünstigem Lichte darstelle, von Perdikkas, der zweite umgekehrt von den Chalkidiern. W. Jerusalem[1]) hat in dieser Herleitung unter Hinweis auf III. 83 eine totale Verkennung der damaligen Begriffe von Erlaubt und Unerlaubt gefunden und sie mit dem Vorwurfe der Hyperkritik belegt. Nicht mit Unrecht, wie mich dünkt. Er bekennt sich zu der Ansicht, dass der Bericht über diese Dinge offenbar von einer Person stamme, „die dem Bras. sehr nahe steht." Ich gehe einen Schritt weiter, indem ich sage: der vorliegende Bericht stammt von Bras. selbst her; er beruht auf Mittheilungen des Bras. an den Autor.

Von dem Bericht im allgemeinen ist zu sagen, dass er ganz im Interesse des Bras. gehalten ist, dass er für seinen Ruf sehr Vortheilhaftes aussagt: Bras., der stolze Spartaner, ist nicht gekommen, um sich von dem Halbbarbaren als Werkzeug seiner Despotenpläne brauchen zu lassen; er will seine grosse Befreierrolle nicht damit beginnen, dass er ihm eine Provinz, deren Bewohnerschaft kaum von dunklerer barbarischer Schattirung war als die vom östlichen Makedonien, zur Unterwerfung bringen hilft. Er will sich als eben-

---

[1]) Zts. f. öst. Gym. 34. pg. 455—59.

bürtiger Bundesgenosse, oder im gegebenen Fall als Vermittler betrachtet wissen, nicht als Vasall[1]). Die Worte des Perdikkas 83. 5. sind, wie ich vermuthe, eben zu dem Zwecke beigefügt, um zu zeigen, welche hochmüthigen Anforderungen Perdikkas an den Spartaner sich zu stellen vermass. Gegenüber dem „halbbarbarischen Dünkel", der sich nach Classens treffender Bemerkung in den Worten: οὔτε δικαστὴν (ἔφη) Βρασίδαν τῶν σφετέρων διαφορῶν ἀγαγεῖν, μᾶλλον δὲ καθαιρέτην ὧν ἂν αὐτὸς ἀποφαίνῃ πολεμίων verräth, tritt die Handlungsweise des Bras. in um so hellere Beleuchtung.

Was die Gründe betrifft, die Bras. zu seiner dem Arrhabaios freundlichen Haltung bewogen haben sollen, so ist ihre Darlegung, wie gesagt, ganz im Sinne des Bras. gehalten. Es sind die Punkte, auf die sich Bras. berufen konnte, um sein Auftreten gegenüber Perdikkas mit seiner sonst bekannten Offenheit und seinem Biedersinn in Einklang zu bringen. Wollen wir nicht den Umweg über die chalkidischen Gesandten annehmen, die übrigens, wie in der Kritik W. Jerusalem's enthalten ist, niemanden gegenüber sich bemüht haben werden, ihre Intrigue gegen Perdikkas zu entschuldigen, sie auf die Basis der Rechtlichkeit zu stellen; wusste denn jeder Beliebige, dass Arrhabaios schon mit Perdikkas Unterhandlungen anzuknüpfen versucht hatte, indem er sich bereit zeigte, sich Bras. als Schiedsrichter zu unterwerfen; vornehmlich aber, dass die Gesandten des Perdikkas in Sparta „etwas derart ausgesagt hatten, dass er nämlich viele von seinen Nachbargegenden ihnen (den Spartanern) zu Verbündeten machen wolle"? (83. 4).

Diese sorgfältige Erörterung aller den Bras. bestimmenden Motive lässt uns recht deutlich einen Einblick thun in das ungewöhnlich warme Interesse des Autors für diesen Mann, das ihn veranlasst, für seine Stellung in gewissen Verhältnissen, sofern sie verschieden ausgelegt werden könnte, die erklärenden Gründe möglichst vollständig zu sammeln und dem Leser darzubieten.

Allerdings werden wir im Unklaren gelassen über die Garantien, die sich Bras. von Arrhabaios hatte geben lassen, um seiner Bundes-

---

[1]) Ueber das Verhältniss zwischen Perdikkas und Bras. vgl. W. Vischer, „Perdikkas II. König v. Macedonien", Schweiz. Mus. I. pg. 27. Grote, History of Greece VI. c. LIV. pg. 601. (Aufl. 1850.)

genossenschaft sicher zu sein (πεισθεὶς τοῖς λόγοις 83.6). Ebenso deutet Thuk. mit keinem Worte an (IV. 124), warum der zweite Zug gegen den Lynkesterkönig nöthig wurde, warum Bras. diesmal sich trotz seines frühern Abkommens bewogen fühlte, an der Expedition des Perdikkas theilzunehmen, so dass es dem Leser überlassen bleibt, sich die möglichen Ursachen auszudenken. Möglich, dass, wie W. Vischer a. a. O. pg. 28 vermuthet, Myrkinos, Galepsos und Oisyme, deren Anschluss er Perdikkas verdankte (IV. 107.3), der Preis waren, um den Bras. zu einem zweiten Zuge gewonnen wurde. Hätte dann etwa Thuk. dem Bras. zuliebe geschwiegen, um die beschämende Thatsache nicht einzugestehen zu müssen, dass er nun doch, wogegen er sich anfangs scheinbar so trotzig aufgebäumt, zum Vasallen des Makedonenkönigs geworden war, weil er, von Sparta im Stiche gelassen, seiner Unterstützung nicht entrathen konnte?

Dass die Berichte über den gutwilligen oder ertrotzten Abfall der chalkidischen Städte sich auf Erkundigungen gründen, die bei Chalkidiern, den Angehörigen der betr. Städte selbst, eingeholt sind, ist beinahe selbstverständlich. Sobald Thuk. seinen Posten in der thrakischen Provinz angetreten hatte, mussten ihm von diesen Seiten her Nachrichten zugehen. Und vollends als Verbanntem fiel es ihm nicht schwer, sich mit einflussreichen Personen von dorther in Verbindung zu setzen und sich über die Vorgänge, Verhältnisse und Stimmungen daselbst vor und während der Anwesenheit des Bras. genauen Aufschluss geben zu lassen.

Die Reden, die Thuk. in Akanthos und anderwärts den Bras. halten lässt, sind wohl freie Compositionen des Verfassers, doch wahrscheinlich nach den Reminiscenzen von Ohrenzeugen, (die spätern vielleicht nach seinen eigenen), ausgearbeitet.[1]) So ist es z. B. augenscheinlich, dass Bras. das Argument von seinem Erfolge zu Nisaia in dieser, der Wahrheit widersprechenden Gestalt

---

[1]) Vgl. Onken, Athen und Hellas II. pg. 329: „Die Rede, die ihn (IV. 85) Thuk. vor den Akanthiern halten lässt, ist, was kaum gesagt werden muss, ebenso wenig echt als alle übrigen bei Thuk. (vgl. sein eig. Geständniss I. 22.), und wenn der Geschichtschreiber eine von den mitgetheilten Reden selbst gehört und aus dem Gedächtniss aufgeschrieben hat, so ist es diese, während seiner Strategie gegen den Redner gehaltene, sicherlich am wenigsten von allen. Allein das Thema derselben ist ebenso unzweifelhaft echt als die Erfolge seines darin enthaltenen Programms."

(IV. 85.7) wirklich gebraucht hat, sonst würde es der Verfasser c. 108.5 nicht noch einmal ausdrücklich als solches anführen; und nicht weniger, dass er nicht nur zu Akanthos, sondern auch anderwärts, zur Bekräftigung seines Vorgebens, sein Ziel sei Befreiung der Hellenen, sich darauf zu berufen pflegte, dass er vor seinem Weggang von Sparta die dortigen Behörden durch die heiligsten Eide verpflichtet habe, dass denjenigen Städten, die er dem lakedaimonischen Bunde gewinnen würde, ihre volle Selbständigkeit garantirt bliebe (IV. 86.1).[1]

Während wir uns beim Bericht über den Abfall von Akanthos mit nachträglichen Erkundigungen an Ort und Stelle oder bei einem damaligen Bewohner von Akanthos zufrieden geben können, verlangt die Darstellung des Vorgehens gegen Amphipolis durchaus die Annahme von Mittheilungen eines Mannes aus dem brasideischen Heere. Was *in* der Stadt seit dem Anmarsche des Bras. vor sich gegangen war, erfuhr Thuk. schon von den aus Amphipolis Ausgezogenen, die er als Befehlshaber in Eion aufnahm (vgl. 107.1). Der Marsch von Arnai bis an die Strymonbrücke bei Amphipolis ist mit ausserordentlicher Genauigkeit erzählt, Station um Station verzeichnet, mit jeweiliger Zeitangabe; sogar die Abendmahlzeit ist nicht vergessen (103.1).

Der Grund dieser beinahe minutiösen Beschreibung des Eilmarsches bis zur Strymonbrücke liegt freilich auf der Hand. Es war dem Geschichtschreiber daran gelegen, die Raschheit des Vorwärtsdringens möglichst zur Anschaulichkeit zu bringen. Auf diese Weise wird der Leser auf die Katastrophe vorbereitet; er ahnt das Zuspätkommen eines Entsatzes voraus; die Thatsachen selbst werden zur Entschuldigung für den, der hätte Hilfe bringen können[2]. In dieser Vorahnung wird der Leser bestärkt durch die — vielleicht scheinbar — unter allem Vorbehalt gegebene Beifügung 104.2: „Und man sagt, Brasidas hätte nach der damaligen Meinung, wenn es in seiner Absicht gelegen hätte, sich mit dem Heer nicht auf's Plündern zu verlegen, sondern stracks auf die Stadt los zu gehen, sie gleich erobern können."

---

[1] Müller-Strübing, Aristophanes u. d. hist. Kritik, pg. 397 glaubt, die Ernsthaftigkeit des Thuk. beim Bericht über diese Versicherungen sei blosse Ironie! vgl. ib. pg. 481.

[2] Vgl. E. Lange „Zur Frage über die Glaubwürdigkeit des Thukydides," Jahrb. f. Phil. u. Paed. 135. 1887. pg. 724.

Dass es die Furcht vor dem Nahen des Geschwaders unter dem Befehl des Thuk. und besonders vor den Hoffnungen, die seine einflussreiche Stellung in den athenisch gesinnten Amphipolitanern wachrufen mussten, gewesen sei, die den Bras. bestimmte, durch einen billigen Vergleich den Aengstlichen und Schwankenden ihren Entschluss zu erleichtern und den zum Abfall Entschlossenen das Uebergewicht im Streit der Meinungen zu verschaffen, ist ein Beweggrund, den Thuk. wohl von sich aus geltend machen konnte. Unter die Mittheilungen eines Brasideers dagegen wird wohl die Notiz zu rechnen sein, dass Perdikkas, der sich sofort nach der Einnahme von Amphipolis bei Bras. wieder eingestellt hatte, seinen Einfluss mit dazu verwendet habe, Bras. die Edonerstadt Myrkinos und die thasischen Colonien Galepsos und Oisyme zuzuwenden (107. 3), und nicht minder der erste Grund für das Ausbleiben der durch Bras. von Sparta erbetenen Verstärkung: „Neid von Seiten der angesehensten Männer" (108. 7), unter denen natürlich die Führer der sog. alt-spartanischen Partei zu verstehen sind.

Die Einnahme von Torone (IV. 110—116) gibt Thuk. Anlass und Gelegenheit, eine geradezu erstaunliche Fülle von Details vor dem Leser auszubreiten, Details, die von der Vortrefflichkeit des Gewährsmanns lautes Zeugnis reden. Derjenige, der dem Verfasser als Quelle gedient hat, besass einen vollen Ueberblick über das Ganze; er war in die Verabredungen eingeweiht, die zwischen Bras. und den ihm Ergebenen stattgefunden hatten; er hatte ein volles Verständnis für die Anordnungen, die er traf, wie auch Kenntnis von den gleichzeitigen Vorkehrungen und Anstalten der Verräther in der Stadt.

Durchmustern wir die Erzählung, so sind es besonders die drei ersten Capitel, 110, 111, 112, die sich lesen wie die Relation eines Hauptbetheiligten. Es lohnt sich wohl, die bedeutsamsten Züge besonders hervorzuheben: es war nur eine kleine Zahl von Leuten, die den Bras. hergerufen hatten und ihm die Stadt in die Hände zu spielen entschlossen waren; von diesen waren ihm einige vor die Stadt hinaus entgegen gegangen und harrten auf seine Ankunft; ferner, 20 mit Dolchen versehene Leichtbewaffnete waren ausgesondert, mit ihnen sich in die Stadt zu schleichen; von diesen aber besassen im entscheidenden Augenblick nur 7 den Muth zur Ausführung des Planes, an der Spitze der Olynthier Lysistratos, die dann durch die dem Meere zugekehrte Mauer in die Stadt drangen, unbemerkt zu dem auf der Höhe, an welche die Stadt gelehnt war, liegenden Wachthause gelangten, die Wachen niederhieben und sich daran machten, das Thor nach Kanastraion zu sprengen. Man beachte ferner das Absenden von 100 Peltasten, ihr anfängliches Befremden, als einige Zeit verstrich, ohne dass das gehoffte Zeichen der Verständigung eintraf, vor allem hier und anderwärts die genaue Ortsangabe; dann einzelne Züge, wie das Besteigen der Mauer vermittelst der viereckigen Balken, die zufällig an die hier zerfallene und eben in Reparatur begriffene Mauer zum Hinaufheben der Steinblöcke angelehnt waren.

Solche Einzelheiten, wie sie hier und im Folgenden geboten werden, konnten wohl zum Theil auch einem untergeordneten Theilnehmer bekannt sein; aber den Zusammenhang, das Ineinandergreifen der einzelnen grössern und kleinern Facta in dieser Weise zu veranschaulichen, war Thuk. nur im Stande nach dem Berichte einer Persönlichkeit, die selbst im Mittelpunkt der Ereignisse gestanden hatte.[1]

Doppeltes Interesse gewinnt diese in ihrer Art ausgezeichnete Schilderung der Einnahme einer Stadt (zu vergleichen etwa der Einnahme der langen Mauern von Megara durch die Athener IV. 67), wenn wir sie in Parallele stellen mit derjenigen, die derselbe Autor von der Rückeroberung derselben Stadt durch Kleon entworfen hat (V. 2—3), nämlich dadurch, dass uns hier Gelegenheit geboten wird, zu beobachten, wie die Darstellung je nach der Person dessen, der die Action leitet, veränderte Gestalt annimmt. Wie es sich um Bras. handelt, da ist der Geschichtschreiber sichtlich in der besten Laune; mit offenbarem Vergnügen malt er Zug um Zug in das grosse, reiche Bild; keinen Pinselstrich lässt er sich reuen, um ein recht volles, abgerundetes Ganzes zu gestalten. Wir meinen, Thuk. habe eine Weile seinen Griffel mit dem Herodot's vertauscht; so gemüthlich, so behaglich, mit solcher Freude auch am Kleinen ist Alles erzählt. Auf wie engen Raum hätte sich die Darstellung zusammendrängen lassen, wenn Thuk. sich mit kurzen, festen Strichen begnügt hätte.

---

[1] Wer Müller-Strübing's Ansicht über die „Belagerung von Plataiai" (vgl. die Glaubwürdigkeit des Thukydides geprüft an einer Darstellung der Belagerung von Plataä; Jahrb. f. Phil. u. Paed. 131. 1885. pg. 289 ff.) billigt, könnte vielleicht diese Schilderung, diese „epische Breite" als ein Zeichen der didactischen Tendenz des Autors, resp. „Dichters", auffassen.

Betrachten wir nun den Bericht über die Rückeroberung durch Kleon, die Ende August oder Anfangs October 422 vor sich ging. Wir sehen uns nach ähnlichen Details um, die sich den 7 von 20 Leuten, den viereckigen an die Mauer gelehnten Balken an die Seite stellen liessen und finden — keine; ausgenommen eine Distanzangabe, die wir mit dieser Genauigkeit gar nicht erwarten durften; sie betrifft den Bras.; die Angabe nämlich, dass, als er, im Begriff die Stadt zu entsetzen, die Nachricht von ihrer Eroberung erhielt, gerade nur 40 Stadien fehlten, dass er den Athenern zuvorgekommen wäre. (V. 3. 3.)

Die Erzählung im Ganzen sagt schlecht und recht, was gesagt werden musste. Die Rückeroberung war indessen sogar eine bedeutendere kriegerische That, wie mich dünkt, als die Eroberung, indem sie durch einen combinirten Angriff zu Land und zur See unter dem entschlossenen Widerstand der Vertheidiger ausgeführt wurde und kein Verräther dem Angreifenden in die Hand arbeitete und seine Arbeit erleichterte[1]). Der Erfolg war für Athen nicht gering und schien für die Folgezeit der Expedition vielversprechend.

Was ist nun die Ursache der veränderten Art zu erzählen? Stand hier Thuk. kein so reiches Material zu Gebote wie für den früheren Fall? Lag ihm nicht daran, eine ausführliche Schilderung zu geben, weil es Kleon war, für den doch am Ende aus allen gelungenen Einzelheiten ein Lob erwuchs? Beide Umstände dürften hier zusammenwirken. Die den Bras. betreffende unerwartet genaue Angabe deutet an, für welche Person er beflissen war, Genaues zu erfahren und es mitzutheilen, sofern es für deren Ruf vortheilhaft war.

Dasselbe Interesse äussert sich z. B. in der Mittheilung der Anecdote, die uns nach der Erstürmung des Castells Lekythos erzählt wird, Bras. habe die 30 Silberminen, die er dem ersten, der die Mauer erstiege, versprochen hatte, der Göttin des Heiligthums in Lekythos geweiht, weil er den glücklichen Zufall, der ihm bei der Erstürmung zu Hilfe gekommen, für göttliche Einwirkung gehalten habe.

Noch deutlicher wird das Gesagte durch die Erzählung von der Fahrt des Bras. von Torone zu den ihm frisch zugefallenen

---

[1]) Da 700 waffenfähige Leute zu Gefangenen gemacht wurden (3. 4), so scheint es mit der Vertheidigung nicht so schlimm bestellt gewesen zu sein, wie das ούτε οί ένόντες άξιόμαχοι είεν vermuthen lässt (2. 3).

Skionaiern illustrirt, 120. 2. „Zu den Abgefallenen fuhr Brasidas Nachts nach Skione hinüber, während eine befreundete Triere ihm vorauslief, er selbst in einer Jacht folgend, damit, falls er einem der Jacht an Grösse überlegenen Fahrzeug begegnete, die Triere ihn schützte; zugleich meinte er, wenn eine andere gleich starke Triere auf sie stiesse, so werde sie sich nicht gegen das kleinere Fahrzeug wenden, sondern gegen das Kriegsschiff, und inzwischen könne er sich glücklich davon machen."

Ich wüsste nicht, was characteristischer wäre für die Stellung des Thuk. zu Bras. Beinahe aus jedem Worte leuchtet das Vergnügen des Autors an der Klugheit seines Helden hervor.[1]) Dieses Hervorheben auch des Nebensächlichen, für den Historiker weniger als für den Biographen Bedeutungsvollen, ist gewiss nicht nur ein Ausfluss dessen, was man etwa rückhaltlose Anerkennung der Grösse eines Gegners zu nennen pflegt. Es verlangt noch ein Weiteres. Diese kleinen Züge, in den gleichmässigen Gang der Kriegsereignisse eingeflochten, erscheinen mir als Reminiscenzen an eine Person, an die man durch Bande persönlicher Zuneigung gefesselt war.

Wenn nun Thuk. bei Gelegenheit des Streites, der sich nach Bekanntmachung des Waffenstillstandes (14. Elaphebolion 423; IV. 118. 12) durch die Commissäre Aristonymos von Athen und Athenaios von Sparta zwischen dem erstgenannten und Bras. über den Einschluss von Skione in diesen Vertrag erhob, zugibt, „es habe sich die Wahrheit betr. des Abfalls mehr so verhalten, wie es die Athener in ihrer Rechtsausführung behaupteten; denn um 2 Tage später waren die Skionaier abgefallen" (122. 6), so ist daraus nicht etwa ein Argument gegen das angenommene Verhältnis des Autors zu Bras. zu entnehmen. Einmal ist durch dieses Verhältnis auch bei einem weniger wahrheitsliebenden und selbständigen Geschichtschreiber, als es Thuk ist, durchaus nicht bedingt, dass er gegen besseres Wissen reden sollte. Dann zerstört er auch den Nimbus, den er selbst um die Gestalt des Spartaners gewoben, gar nicht durch das Zugeständnis, er habe in diesem Falle Unrecht gehabt trotz seines heftigen Widerspruchs und seiner das Gegentheil versichernden Behauptungen (122. 3), so wenig als er bei Zeitgenossen

---

[1]) Vgl. Classen Anm.: „Thuk. erwähnt diese kluge Vorkehrung des Brasidas, die nicht zur Anwendung kommt, offenbar nur aus Vorliebe für den Mann, den er auch in kleinen Zügen in günstigem Lichte darstellen will."

seinem Ruf Eintrag gethan hat durch die Bemerkung, Bras. habe in seinen Ansprachen an die schwankenden thrakischen Städte „verlockende und nicht der Wahrheit entsprechende Reden geführt, als hätten z. B. bei Nisaia die Athener nicht gewagt, sich mit ihm zu schlagen, als er nur mit seiner eigenen Mannschaft zu Hilfe zog" (IV. 108. 5). Im Gegentheil, das hat Bras. sicherlich ein Jeder zur Ehre angerechnet, dass er die Stadt, die aus übergrossem Vertrauen zu ihm so viel gewagt, ihm so hoch geehrt (IV. 121.), trotz des formell erwiesenen Unrechts nicht im Stiche liess.[1]) sondern gegen die Behauptung des Gegners alle möglichen Einwände und Argumente geltend machte. An jedem der beiden Orte wäre es höchst überflüssig, auf das hinzuweisen, was Thuk. III. 83. über Treu und Glauben im damaligen Hellas gesagt hat. Es wird denn auch aus diesen Aeusserungen über Bras. kaum jemand einen Ton des Vorwurfs herauslesen wollen. Eher noch dürfte man einen gewissen Grad des Misfallens, um nicht zu sagen eines leisen Hohns, im Bericht über das Vorgehen der Athener empfinden, wenn es auch durch das eingeschobene εἶχε δὲ καὶ ἡ ἀλήθεια περὶ τῆς ἀποστάσεως μᾶλλον ἧ οἱ Ἀθηναῖοι ἐδικαίουν gerechtfertigt wird. Wie imponirend stellt sich die Ruhe der Spartaner dar gegenüber der Leidenschaftlichkeit des athenischen Demos, zumal die Parallele recht auffällig wird durch die Gleichartigkeit des Ausdrucks. Man beachte die Häufung der Adverbien, welche die wüthende Eilfertigkeit, die Wespennatur des athenischen Volkes zu characterisiren scheinen.[2])

Was für die Erzählung des zweites Feldzuges gegen Arrhabaios eine „brasideische" Quelle nach meinem Dafürhalten wahrscheinlich macht, das ist der Bericht über den Verlauf der Expedition seit dem Zwist, der nach dem ersten siegreichen Gefecht zwischen Perdikkas und Bras. eintrat. Dass die Schilderung des Rückzugs, wenn sie von den Mittheilungen eines Parteigängers des Perdikkas abhängig wäre, diese Gestalt nicht angenommen

---

[1]) 122.3. καὶ οὐκ ἀφίει τὴν πόλιν. vgl. 123.2. διὸ καὶ οἱ Μερδαῖοι μᾶλλον ἐτόλμησαν, τήν τε τοῦ Βρασίδου γνώμην ὁρῶντες ἑτοίμην, τεκμαιρόμενοι καὶ ἀπὸ τῆς Σκιώνης ὅτι οὐ προεδίδου.

[2]) 122.4. Οἱ Ἀθηναῖοι εὐθὺς ἕτοιμοι ἦσαν στρατεύειν ἐπὶ τὴν Σκιώνην, οἱ δὲ Λακεδαιμόνιοι πρέσβεις πέμψαντες ... δίκῃ τε ἕτοιμοι ἦσαν περὶ αὐτῆς κρίνεσθαι ... 5. στρατεύειν δὲ ὡς τάχιστα ... 6. ψήφισμά τ᾽ εὐθὺς ἐποιήσαντο.

hätte, bedarf wohl kaum eines Nachweises. Hätte Bras. seine Sache besser verfechten. seine Verdienste vortheilhafter hervortreten lassen. seinen Ruf gegen Anklagen der dem athenischen Strafgerichte preisgegebenen Mendaier besser widerlegen können als Thuk.? Glauben wir nicht ihm selbst seine Gedanken eröffnen zu hören, die, wenn sie befolgt worden wären, dem Heere die grosse Gefahr und nutzlosen Kampf erspart. den gefährdeten Mendaiern rechtzeitige Hilfe gebracht hätten? (124. 4.)

Schonend für Perdikkas ist nur das eine. er habe, als sein Heer, von einem panischen Schrecken ergriffen. in wilder Flucht heimwärts stürmte, zuerst nichts bemerkt. und sei dann. als er es inne wurde, gezwungen worden. bevor er den Bras. zu Gesicht bekommen — wegen der grossen Entfernung ihrer Quartiere — *cor* ihm mitzugehen. (125. 1.)

Und nun die genaue Wiedergabe der Anordnungen, die Bras. traf, als er sich mit seinen Leuten allein den wilden Horden der Lynkester und Illyrier gegenübersah! (125. 2. 3.) Ich denke, die ausserordentliche Anschaulichkeit, Klarheit und Genauigkeit des Berichts sollten einen Gewährsmann, der nicht im Mittelpunkte dieser Anordnungen stand, geradezu ausschliessen.

Alles das. was Thuk. aus der angenommenen Quelle Characteristisches über den Kampf mit Barbaren vernommen hatte, vereinigt mit dem, was er wohl selbst durch seinen Aufenthalt in der Nähe dieser Völkerstämme in Erfahrung gebracht hatte. verarbeitete er, wie ich mir denke. in die ungemein lebendige und verständliche Form der kurzen Ansprache des Bras. an seine Soldaten. Als wörtlich echt möchte vielleicht die schmeichelnd gewinnende Anrede ἄνδρες Πελοποννήσιοι in Anspruch genommen werden wie V. 9. 1.[1])

Wenn ich nun noch die Erzählung der Dinge, die den offenen Bruch zwischen Perdikkas und Bras. herbeigeführt haben sollen. im besondern hervorhebe, so geschieht es, weil ich glaube, dass wir hier eine ausgesprochen brasideische Version vor uns haben. Es erzählt nämlich Thuk., nachdem er den Bras. bis nach Arnissa, der ersten Stadt im Gebiet des Perdikkas geführt hat, Folgendes (128.4—5): „Und aus eigenem Antrieb, erbittert über den vorzeitigen Abzug der Makedonier, spannten die Soldaten

---

[1]) Vgl. Grote. VI. c. LIV. pg. 606. Onken, a. a. O. pg. 330.

(des Bras.) alle Ochsengespanne, die sie von ihnen auf dem Wege trafen, ab und hieben die Thiere nieder, und das ihnen entfallene Gepäck (wie das eben bei einem nächtlichen und schreckenvollen Rückzug vorkam) machten sie zu ihrem Eigenthum. Das war der erste Anlass, weshalb Perdikkas den Bras. als Feind betrachtete, und von da an hegte er gegen die Lakedaimonier einen zu seiner sonstigen Gesinnung um der Athener willen nicht gewohnten Hass, und seiner eigenen dringendsten Interessen sich entschlagend traf er seine Massregeln, um so schnell als möglich sich mit diesen in's Einvernehmen zu setzen und sich von jenem zu lösen."

Der Vorfall, welcher den Umschwung in der Politik des Makedonenfürsten soll herbeigeführt haben, ist, das kann nicht geleugnet werden, sehr geringfügig; die Schuld, welche auf die Spartaner, insbesondere auf Bras. fällt, ist sehr unbedeutend, so dass der Gedanke nicht von der Hand zu weisen ist, diese Begründung sei von den im Stiche gelassenen Bundesgenossen, den Brasideern, dem Perdikkas untergeschoben worden. Jeder der sich die Umstände überlegt, wird einsehen, dass der angegebene Grund nicht der eigentliche ist, dass Perdikkas nur nach der Darstellung eines Brasideers — oder des Bras. selbst — kleinlich genug war, diesen Vorfall zum Anlass der Trennung von seinen bisherigen Bundesgenossen zu machen [1]); oder aber, dass derselbe nicht so unbedeutend war, wie die Erzählung des Thuk. uns glauben lässt.

Nach seinem Rückzug aus Makedonien fand Bras. Mende schon in den Händen der Athener. Er hielt sich nicht stark genug, so berichtet Thuk. 129.1. um nach Pellene überzusetzen und die Scharte auszuwetzen, und begnügte sich damit, wenigstens Torone zu decken. Theils von Nikias, dem Befehlshaber der athenischen Expedition, überredet, theils von seinem Widerwillen gegen den unbequem gewordenen Condottiere geleitet,[2]) brachte es Perdikkas, der nun wirklich mit den Athenern einen Vertrag

---

[1]) Ein leiser Hohn äussert sich in dem bombastischen οἰκείωσιν ἐποιοῦντο für ᾠκειοῦντο, eine Umschreibung, von der Classen wohl mit richtigem Gefühl sagt, sie mache fast einen komischen Eindruck. Ueberdies kann auffallen, wie geflissentlich Bras. die Verantwortlichkeit von sich auf die Soldaten ablädt; denn diesen Zweck hat die Voranstellung des αὐτοί 128.4.

[2]) Dass dessen Autorität, deren Umfang ihm vorzugsweise zu danken war, seinen Plänen eher hinderlich als förderlich war, dürfte doch wohl der eigentliche Grund seiner Schwenkung gewesen sein.

abgeschlossen hatte, durch seine Verbindungen in Thessalien dahin, dass dem Hilfsheer, welches endlich im Sommer 423 Bras. von Sparta zugesandt wurde, der Durchzug durch dieses Land verweigert wurde, so dass nur die Führer Ischagoras, Ameinias und Aristeus anlangten, die von den spartanischen Behörden zur Beaugenscheinigung waren hingesandt worden. (c. 132.)

„Und diese führten ihm dem Herkommen zuwider aus den jüngern Altersklassen Männer zu, um sie als Gouverneurs der Städte einzusetzen und diese nicht dem ersten besten zu überlassen. Und den Klearidas, des Kleonymos Sohn, setzt er in Amphipolis ein, den Pasitelidas (so V. 3. 2, hier „Epitelidas"), des Hegesandros Sohn, in Torone."

Ist nicht eine Schonung des Bras. darin zu erkennen, dass von der Bedeutung dieses Schrittes, Gouverneurs in den wichtigsten Städten einzusetzen, keine Rede ist? Nicht deshalb, weil Bras. durch die Anwesenheit dieser Commissäre in seiner Thätigkeit gefesselt gewesen wäre,[1]) sondern weil durch diese Massregel, so nothwendig sie auch sein mochte, die von Bras. gegebene Zusicherung unbeschränkter Autonomie gebrochen war, weil Bras. durch das Vorgehen der spartanischen Behörden compromittirt wurde, oder vielleicht richtiger gesagt, weil nun seine Versicherungen sich als das herausstellten, was sie wirklich gewesen waren, schönklingende Redensarten. Bis jetzt hatte Bras. in seiner Person die spartanische Hoheit repräsentirt; durch die Einsetzung von spartanischen Gouverneurs (Harmosten) wurden jene Städte direct der Hoheit und Controle der spartanischen Behörden unterstellt.[2])

Nachdem mit Ablauf des Waffenstillstandes im März 422 längere Zeit, ohne dass der Waffengang von neuem angetreten wurde, verstrichen war, fuhr Kleon selbst im August dieses Jahres[3]) nach der thrakischen Provinz aus, mit einer Flotte, die ungefähr eine gleich grosse Truppenmacht trug wie die des Nikias im vorhergehenden Jahre, an

---

[1]) So Grote, VI. c. LIV. pg. 615. Doch scheint das Beispiel des Klearidas in Amphipolis nicht dafür zu sprechen.

[2]) Ihre Aufnahme bei den nicht lakedaimonisch Gesinnten erhellt aus dem Vorfall IV. 130. 3—5.

[3]) V. 1. 1 — μέχρι Ἡσίον vgl. Kirchhoff Monatsb. d. Berl. Ac. 1884 pg. 1864 ff. — Für den späten Beginn der Feindseligkeiten gab Müller-Strübing, Aristophanes pg. 129 ff. als Grund an die Tamiaswahl, die an den Panathenaien 14 Tage vor den Pythien stattgefunden habe, — eine Begründung, die mit seiner Tamiashypothese steht und fällt.

Zahl der Schiffe geringer war (vgl. IV. 129. 2 — V. 2. 1). Es brauchte kein übermüthiges Selbstvertrauen, um trotz der persönlichen Grösse des Gegners auf Erfolg zu hoffen, da seine Kräfte durch das Ausbleiben der Verstärkungen aus dem Peloponnes und durch die Lostrennung seines mächtigsten Verbündeten sehr geschwächt waren.[1]
Aus der Mannschaft, die von Nikias im vorigen Herbst zur Blokade von Skione war zurückgelassen worden, zog er noch Hopliten an sich und fuhr in den nicht weit von Torone liegenden Hafen Kophos (V. 2. 2). Er griff die Stadt durch einen geschickt combinirten Doppelangriff mit Flotte und Landheer an, der von einem vollständigen Erfolge begleitet war. Nachdem er in diesem Platz eine Besatzung zurückgelassen, fuhr er weiter nach Amphipolis zu und machte Eion zu seinem Hauptquartier. Ein Angriff auf Stageiros misslang, der Sturm auf Galepsos glückte (6.1). Nunmehr bereitete er sich zu einem Angriff auf Amphipolis vor, den wichtigsten Platz, den Bras. vom attischen Reiche losgerissen hatte, dessen Verlust den Athenern so schmerzlich gewesen war (IV. 108), doppelt schmerzlich nach der frischen Niederlage von Delion. Durch die List des Bras., so stellt es Thuk. dar, wurde Kleon, bevor die erwarteten Verstärkungen anlangten, in eine Falle gelockt, zum Entscheidungskampfe gezwungen, der Athen eine Niederlage bereitete, beiden Führern den Tod brachte.

Der Tradition zufolge[2] lebte Thuk. um die Zeit dieser Schlacht als Verbannter auf seinen Gütern im thrakischen Bergwerksdistrikte, also in ziemlicher Nähe des Thatorts. So hat denn Classen wohl das Nächstliegende ausgesprochen, wenn er sagt:[3] Thuk. habe sich über den genauern Verlauf der Schlacht ohne Zweifel aus nächster Nachbarschaft von seinen thrakischen Gütern genau unterrichtet.[4]

[1] Vgl. IV. 129. 1 V. 8. 2 Onken a. a. O. pg. 295. — Es scheint zweifelhaft, ob Beloch im Rechte ist, wenn er meint, Kleon habe wohl im Interesse seiner Partei, nicht aber im Interesse Athens gehandelt, und eine Rechtfertigung seiner Politik nur in dem bevorstehenden Ablauf des 30jährigen argivisch-spartanischen Friedens gefunden. (Beloch, die attische Politik seit Perikles, Leipzig 1884, pg. 45). — Vgl. A. Emminger, Der Athener Kleon, Progr. Eichstädt 1882, pg. 68—9.

[2] Marcell. § 25, 46, 47 Westermann.

[3] Anhg. zu Buch V. c. 10.

[4] Seine Anwesenheit seit der Schlacht setzen mehrere Stellen, die von Veränderungen in oder bei derselben seit diesem Ereigniss reden, mit hoher Wahrscheinlichkeit voraus: IV. 103. 5. $\varkappa\alpha i$ $o\dot{v}$ $\varkappa\alpha\vartheta\varepsilon\tilde{\iota}\tau o$ $\tau\varepsilon\tilde{\iota}\chi\iota$, $\tilde{\omega}\sigma\pi\varepsilon\varrho$ $\nu\tilde{v}\nu$. V. 10. 6. — $\tau\dot{\eta}\nu$ $\dot{o}\delta\dot{o}\nu$ $\tau\alpha\dot{v}\tau\eta\nu$ $\varepsilon\dot{v}\vartheta\varepsilon\tilde{\iota}\alpha\nu$ $\ddot{\eta}\pi\varepsilon\varrho$ $\nu\tilde{v}\nu$ $\varkappa\alpha\tau\dot{\alpha}$ $\tau\dot{o}$ $\varkappa\alpha\varrho\tau\varepsilon\varrho\dot{\omega}\tau\alpha\tau o\nu$ $\tau o\tilde{v}$ $\chi\omega\varrho\acute{\iota}ov$ $\iota\acute{o}\nu\tau\iota$ $\tau\varrho o\pi\alpha\tilde{\iota}o\nu$ $\ddot{\varepsilon}\sigma\tau\eta\varkappa\varepsilon$.

Es wäre vielleicht noch die Möglichkeit in's Auge zu fassen, dass Thuk. hier, wie vielleicht schon früher, aus eigener Anschauung erzählt, dass er Zeuge des Kampfes war — von welchem der beiden Quartiere aus, braucht nicht erst erörtert zu werden.[1]) Die für beide Seiten angegebene Zahl von Todten (V. 11.[2]) dürfte in einem gewissen Zusammenhang stehen mit der Stellung, die Thuk. gegenüber den Parteien einnahm: auf athenischer Seite eine runde Zahl, 600. auf peloponnesischer die Zahl 7, welche bekanntlich schon an und für sich ein gewisses Misstrauen wachruft. Sie scheint mir in diesem Falle in der That etwas „lakonisch" zu klingen. Dass bei dem zwei- bis dreimaligen Angriff auf die Hopliten des rechten Flügels Klearidas nur 7 Mann eingebüsst haben soll, erweckt trotz der Begründung II.[2]: διὰ τὸ μὴ ἐκ παρατάξεως, ἀπὸ δὲ τοιαύτης ξυντυχίας καὶ προεκφοβήσεως τὴν μάχην μᾶλλον γενέσθαι gerechten Zweifel. Man ist versucht, in dieser Zahl die vom zurückkehrenden Befehlshaber officiell zugegebene zu erkennen.[2])

Ich halte es nicht für überflüssig, nach dem, was seit Grote über den Schlachtbericht geäussert worden ist,[3]) ihn noch einmal nach einer Seite hin zu erörtern.

Wie mir scheint, lässt sich für die „Recognoscirung" nach der Höhe bei Amphipolis eine Auffassung geltend machen, die

---

[1]) Man darf doch wohl zweifeln, ob der erwähnte Aufenthaltsort dem Thuk. noch genügende Sicherheit bot, als der athenische Heerführer, von dem er sich nichts Gutes zu versprechen hatte, seinen Arm schon bis über den Strymon hinaus reckte (Galepsos). Wenn ihm auch noch mancher Ort als Freistätte offen gestanden hätte, so musste doch die Aussicht für ihn lockend und bestimmend sein, Zeuge des Waffenganges der beiden merkwürdigsten Persönlichkeiten zu sein. Man wird kaum einwenden wollen, dass durch diese Annahme „die moralische Integrität" des Autors in Frage gestellt werde. Vgl. V. 26. 5.

[2]) Etwas derartiges wollte wohl auch Curtius Griech. Geschichte II. pg. 459 sagen: „Der Sieg der Peloponnesier war so vollständig, dass sie nicht mehr als 7 Mann verloren haben sollen." — In einem ähnlichen Falle, wo es sich um die beim Sturm auf Sphakteria Gefallenen handelt, hat Thuk., obwohl er ja sonst über die dortigen Geschehnisse ausserordentlich genau berichtet war, es für überflüssig erachtet, die kleine Zahl der *athenischen* Todten, die auch durch die ungewöhnliche Art des Kampfes begründet war, ausdrücklich zu nennen, und sich mit der ungefähren Angabe „οὐ πολλοί" begnügt (IV. 38. 5).

[3]) Vgl. besonders: Onken, Athen u. Hellas II. 290 ff. — Büdinger, Kleon bei Thukydides, Sitzgb. d. kl. Ac. d. W. Phil. Hist. Cl. XCVI. 1886. — Emminger, Der Athener Kleon, Progr. v. Eichstädt 1882. — Gilbert, Beitrag zur innern Geschichte Athens, 1877.

Kleon nicht in dem Lichte hochmüthiger Selbstüberschätzung erscheinen lässt, in das er durch den thukydideischen Bericht gestellt wird.

Thuk. sagt in vorwurfsvollem Tone, Kleon habe den Zuzug nicht abgewartet, um mit völliger Sicherheit, wenn er zum Schlagen genöthigt würde, das Uebergewicht zu erlangen, sondern in der Absicht, die Stadt durch völlige Einschliessung im Sturm zu nehmen (73). Warum sollte nicht auch dieser Plan, der ein Zeugnis lächerlicher Ueberhebung und militärischer Unfähigkeit sein soll, einen vernünftigen Gedanken in sich geschlossen haben?

Amphipolis konnte doch wohl vom untern Laufe des Strymon her nicht mit der Flotte angegriffen werden, so lange die Brücke in der Gewalt der Feinde und gut bewacht war. Der Angriff war nur von Osten und Norden her möglich. Indem Kleon die Höhe östlich von der Stadt, auf deren Ausläufer sie selbst gelegen war, besetzte und das Terrain gegen Thrakien zu prüfte, beabsichtigte er vielleicht dasselbe zu thun, was die Athener vor Syrakus thaten, als sie die Epipolai besetzten. Seine Stellung auf dem Bergrücken hielt er wohl für stark genug,[1]) um von da aus, vielleicht auch ohne die Verstärkungen, zum Angriff überzugehen. Wohl mochte dieser Zug, weil die Sondirung des Terrains für einen Angriff erst noch die Aufgabe des Feldherrn war, mehr den Charakter einer Recognoscirung, eines Versuchs an sich tragen; aber eine blosse Recognoscirung ohne festen Plan mit dem ganzen Heere zu unternehmen, nur um es durch Stillesitzen nicht länger zu ärgern und ihm Anlass zur Meuterei zu geben, das dürfte doch auch einem minder fähigen Strategen als Kleon kaum zuzutrauen sein.[2])

So ist es auch zweifelhaft, ob es wirklich nicht in der Absicht Kleon's lag, sich dieser Position auf der Anhöhe, des $καρτερὸς λόφος$, auf die Dauer zu bemächtigen. Insofern freilich werden wir uns gegenüber der thukydideischen Relation nicht ungläubig verhalten können, als Kleon viel zu sehr darauf gerechnet hatte, es mit einem passiven Gegner zu thun zu haben, dass er die Ruhe und Zurückhaltung der Brasideer viel zu leichtgläubig, mit viel zu wenig Berechnung, als ein Zeichen, ja als offenkundiges Bekenntnis

---

[1]) $ἐπὶ λόφου καρτεροῦ$ 7. 4).
[2]) Vgl. Büdinger a. a. O. pg. 411. — Emminger pg. 73.

ihrer Schwäche und Furcht aufnahm.[1] „Ja er habe sogar bedauert, sagt Thuk., dass er nicht gleich die Maschinen zum Sturm mitgenommen habe; sonst hätte er die Stadt wegen des Mangels an Vertheidigern nur nehmen können." (7.5). Dass dies nicht viel mehr als ein boshafter Scherz des Thuk. ist, bedarf meiner Meinung nach kaum eines Beweises. — Die Rückzugsbewegung nach Eion hin, mochte sie nun der ursprünglichen Absicht Kleon's entsprechen, wie Thuk. annimmt, oder sich erst durch die Gewissheit, dass Bras. mit allen vorhandenen Streitkräften einen Ausfall vorbereite, und etwa die Erkenntnis, dass in der eben eingenommenen Stellung die Bedingungen für wirksamen Widerstand doch zu ungünstig seien, veranlasst worden sein, ist trotz der Tapferkeit der Hopliten, bei denen sich Kleon im Augenblick des feindlichen Anpralls befunden hatte, in eine schwere Niederlage verwandelt worden.

Thuk. war gewiss in der Lage, sich über den Verlauf der Schlacht bei Amphipolis genauer als irgend ein Anderer zu unterrichten. Dass er sich absichtliche Entstellung von Thatsachen habe zu Schulden kommen lassen — in diesem Fall ein schwerwiegender Vorwurf gegen seine Gewissenhaftigkeit — lässt sich mit dem uns zu Gebote stehenden Material, soweit ich sehe, nicht erweisen.[2] Doch, glaube ich, treten hier die Merkmale zeitgenössischer Ge-

[1] Grote, welcher der Darstellung des Thuk. folgt, ohne doch das Vernünftige, das sich in Kleon's Handlungsweise erkennen lässt, zu übersehen, hat VI. c. LIV. pg. 649—50 diesen Fehler, zu dem der weniger erfahrene vom erfahrenen Heerführer häufig und mit Erfolg verführt werde, mit demjenigen in eine Linie gestellt, den Thuk. selbst anderthalb Jahre früher als Stratege der thrakischen Provinz beging, und dadurch über dessen höhnische Darstellungsweise, einen stillen, aber um so herbern Tadel ausgesprochen.

[2] Die öfters angestellte Vergleichung des vorliegenden Schlachtberichts mit demjenigen Diodor's, der von Ephoros abzustammen scheint, ergibt nach meinem Dafürhalten so viel, dass der letztere vom erstern unabhängig, jedenfalls nicht blos ein dem Kleon zuliebe zugestutztes Excerpt ist, und dass die Version über Kleons Tod keineswegs als „eine von Athen ausgegangene Fälschung" bezeichnet werden darf. Wandelt doch Diodor auch in den Relationen über die andern Vorgänge, die Kleons Gestalt bedeutsam in den Vordergrund gerückt haben, gar nicht immer in den Geleisen des Thuk. Wäre z. B. Diodor über die Pylosaffaire nicht einer Darstellung gefolgt, in der Kleon durchaus nicht der Geprellte war, so wäre es auffallend, weshalb er die köstliche Scene auf dem Markte mit keinem Worte angedeutet hat. Ebensowenig hat er etwa dem Ruhm seines Gegners Brasidas irgendwo Eintrag gethan; vgl. XII. 62. 1-5 XII. 74. 3-4.

schichtschreibung unverkennbar zu Tage. Licht und Schatten sind nach der Stellung des Geschichtschreibers zu den Hauptpersonen vertheilt, nicht nach kalt erwogenem Urtheil.[1]) In dem behandelten Abschnitt über die Schlacht bei Amphipolis mag ausser dem politischen Gegensatz auch das Object, um das es sich handelte, der Schauplatz des Kampfes einen gewissen Einfluss auf den „subjectiven" Theil der Berichterstattung ausgeübt haben. So sehr sich auch Thuk. erhaben fühlen mochte über den Verdacht, den Verlust von Amphipolis durch eigene Fahrlässigkeit, wohl gar durch absichtliche Verzögerung verschuldet zu haben, so sehr mochte ihm doch der Gedanke widerwärtig sein, dass dieser rohe Führer des grossen Haufens, dem er selber entsprossen war, dessen Wahnwitz, wie Thuk. glaubte, nur die Laune des Glücks bei Pylos mit Kriegslorbeeren gekrönt hatte, berufen sein sollte, das kostbare Besitzthum, mit dessen Verlust doch sein, des Thuk., Name und Ruf unauflöslich verknüpft war, dem attischen Reiche im Kampfe mit dem grössten, vielbewundertsten Helden seiner Zeit wiederzugewinnen. Nicht zum mindesten diesem Umstande mag die Ironie und der Sarkasmus zuzuschreiben sein, die überall die Aeusserungen über Kleon's Wollen und Können resp. Nichtkönnen durchziehen.

Wir sind dem Auftreten des Bras. bis zu seinem Ende gefolgt. In Thuk. hat er einen Herold seiner Thaten gefunden, wie er ihn sich nicht besser hätte wünschen können. Die hohe Werthschätzung des Helden spiegelt sich besonders klar wieder in dem sympathischen Bericht über seinen Tod (V. 10. 11), sowie auch in dem Gegensatz des bekannten Urtheils über die Motive von seiner und Kleon's Kriegspolitik (V. 16. 1.). Steup [2]) hat diese ganze Erörterung über die kriegerischen Tendenzen des Bras. und Kleon und die Friedenstendenzen des Nikias und Pleistoanax in c. 16 und 17. 1. für unächt erklärt: den ersten Theil u. a. deshalb, weil für Bras. gar nicht die wahre Ursache angegeben werde in dem $εὐτυχεῖν\ τε\ καὶ$

---

[1]) Insofern pflichte ich der Auffassung Onken's bei (s. Athen u. Hellas II. 1. Das herrschende Urtheil über Kleon nach seiner Geschichte und seinem Charakter, pg. 231-32), wenn ich auch das Künstliche, das in der Scheidung eines „objectiven" und „subjectiven" Theils liegt, nicht verkenne. Denn zwischen einseitiger Auffassung und Deutung der vorgetragenen Dinge und Entstellung von Thatsachen ist nur ein kleiner Schritt, eine Klippe, um die ein minder grosser Historiker als Thuk. kaum herumgekommen wäre.

[2]) Rhein. Mus. 25. pg. 273 ff.

τιμᾶσθαι ἐκ τοῦ πολεμεῖν, die Verdammung Kleons aber nirgends so scharf und schneidend ausgesprochen werde wie hier. Das Capitel ist bekanntlich nicht frei von Gebrechen, und es mag zugegeben werden, dass es bei einer Ueberarbeitung eine etwas veränderte Fassung erhalten hätte. Allein Steup scheint doch zu wenig zu beachten, dass an dieser Stelle nur die durchaus persönlichen Motive von Thuk. entwickelt sind, durch die jene Männer nach seiner Meinung bestimmt wurden; wenn also das Urtheil über Kleon so hart ausfällt wie nirgends sonst, so ist das nicht auffallend, und ebensowenig darf es als ein Tadel angesehen werden, wenn Bras. hier nicht als ein Held erscheint, der alles nur thut um des Vaterlandes willen. Uebrigens wollen die beiden Beweggründe εὐτυχεῖν τε καὶ τιμᾶσθαι, sofern man nur nach griechischer, nicht nach moderner Anschauungsweise urtheilt, den Bras. nicht etwa als ruhmsüchtigen Glücksritter kennzeichnen; wird doch durch εὐτυχεῖν nicht blos ein „vom Glück begünstigt sein" ausgedrückt; sondern es wird dem zugeschrieben, in dessen Erfolgen sich offenkundig Huld und Hilfe der Götter zeigt. Und welches höhere Ziel konnte der Grieche sich stecken, als bei seinen Mitbürgern Ruhm und Ehre zu erwerben? Ich kann daher die Consequenzen, die Steup hieraus gezogen hat, durchaus nicht anerkennen. —

Man würde dem Rufe des Thuk. kaum zu nahe treten, wenn man in seiner Behandlung des Bras. bei seinem Auftreten im Norden eine gewisse Ueberschätzung erkennen wollte, die zum Theil als eine Folge der persönlichen Berührung zu erklären wäre, zum Theil als eine Folge der Verstimmung gegen die Vaterstadt, die ihn aus ihren Mauern getrieben. Bras. war ja wohl, wie Onken pg. 327 sich ausdrückt, „eine ungewöhnliche, als Spartiate aber geradezu wunderbare Erscheinung, wunderbar deshalb, weil Alles, was ihn, abgesehen von dem straffen soldatischen Geiste, auszeichnet, in seiner Heimat weder eine Schule, noch auch nur Ermunterung fand." Gewiss, es wäre verzeihlich, wenn sich Thuk. vom Zauber dieser Erscheinung hätte bestechen lassen, weil er zu bereitwillig sich dem Eindruck hingab, hier die Eigenschaften verkörpert zu finden, die er an seinem Landsmann, der damals eben das attische Staatsschiff zu lenken sich erkühnte, so ganz und gar vermisste: Genialität, Hochherzigkeit, Biedersinn.

Man wird nicht irre gehen, wenn man annimmt, Thuk. hätte, wenn er die Erscheinung aus grösserer Entfernung, mit vorurtheilslosern Augen betrachtet hätte, noch auf mehr Menschliches aufmerksam werden können, als nur darauf, dass es Bras. bei den lockenden Versicherungen seiner Reden mit der Wahrheit nicht immer genau nahm.

Es ist noch ein Moment besonders in Berücksichtigung zu ziehen, das schon im vorigen berührt wurde, und auf das J. v. Pflugk-Harttung[1]) hingedeutet hat, indem er anführt, dass Thuk. „nach dem Tode des Bras. wiederholt klagen muss, er vermöge die Stärke und Verluste der Spartaner nicht genau anzugeben, weil sie damit geheim hielten." Es wird dem Leser des Thuk. nicht entgehen, dass für Unternehmungen, die Bras. selbst leitete, oder bei denen er wenigstens in hervorragendem Masse betheiligt war, Zahlenangaben geboten werden, die einen bestimmteren Character tragen als die übrigen.

Die Stärke der lakedaimonischen Armee, die alljährlich bis 425 zur Invasion in Attika gesammelt wurde, hat Thuk. nicht zu bestimmen versucht, sondern er sagt nichts weiter, als dass das erste und zweite Mal (431 und 430) von jedem bundesgenössischen Orte zwei Drittheile der aufgebotenen Contingente nach dem Isthmos abgingen (II. 10. 2. II. 47. 2).[2]) Und doch wäre es ihm gewiss möglich gewesen, die Summe wenigstens annähernd in Erfahrung zu bringen; es scheint ihm nichts daran gelegen zu sein. Dagegen vernehmen wir II. 66. 2, dass Knemos, dem Bras. später als „Commissär" beigeordnet war, den Angriff auf Zakynthos im Sommer 429 mit 100 Schiffen und 1000 Hopliten unternahm, II. 80, 4—7, dass derselbe mit 1000 Hopliten nach Leukas segelte, dort die Contingente der Ambrakioten, Leukadier, Anaktorier, dann von den benachbarten Barbaren 1000 Chaonier, ferner Thesproter, Molosser, Atintaner, Parauaier und 1000 Orester an sich zog, dass auch Perdikkas — ohne dass es die Athener erfuhren — 1000 Makedonier dahingesandt hatte, die freilich zu spät anlangten.

Die Zahl der Schiffe konnte dem Gegner weniger geheim bleiben, und es muss deshalb nicht von vornherein besondere Nachfrage auf der betreffenden Seite angenommen werden, wenn Thuk. die genaue Zahl anzugeben vermag (z. B. II. 83. 3. die 47 Schiffe, die Phormion mit 20 Schiffen im korinthischen Busen schlug, II. 86. 4. die 77 der Flotte unter Knemos und den Commissären

---
[1]) Perikles pg. 122.
[2]) vgl. III. I. 89, IV. 2.

Timokrates, Brasidas und Lykophron, die jenem das zweite Seegefecht lieferten, III. 16. 3. die 40 Schiffe der Hilfsflotte für Lesbos), wohl aber in einem Falle wie III. 69. 1., wo es sich um eine einzelne Flottenabtheilung von 13 Trieren handelt, die noch keinem Feinde zu Gesicht gekommen waren, sondern in einem peloponnesischen Hafen ihrer Bestimmung harrten. Und diese werden in Verbindung mit Bras. genannt, der offenbar mit ihrer Ausrüstung betraut war.

Eurylochos führte im Herbst 426 3000 Hopliten von den Bundesgenossen nach Aetolien zum gemeinsamen Angriff auf Naupaktos, darunter 500 aus der neugegründeten Stadt Heraklea (III. 100. 2).

Wir fanden also bisher, die 500 Herakleer ausgenommen, die Stärke der lakedaimonischen Heere nur in runden Tausenden angegeben, in Zahlen, wie sie etwa Athenern, die in den betreffenden Gegenden standen, bekannt wurden. Es wäre hiebei hauptsächlich an die Vermittlung des Demosthenes zu denken, wenn wir einer solchen Annahme nicht durch die Anwesenheit des Thuk. in jenen Gegenden überhoben werden.[1])

Wenden wir uns nun zu Brasidas. Wir hörten II. 25, dass er mit bloss 100 Hopliten sich durch die Athener durchschlug, die Methone belagerten und sie durch seine Vertheidigung zum Abzug nöthigte. Das Heer, das er im Sommer 424 zum Entsatz nach Megara zusammenzog, bestand aus 2700 Hopliten von Korinth, 400 von Phlius, 600 von Sikyon und den von ihm selbst schon gesammelten Söldnern, zu denen 2200 Hopliten und 600 Reiter aus Boiotien stiessen (IV. 71. 1. 72. 1.). Mit 300 auserlesenen Leuten machte er den Vorstoss gegen die Stadt, in der Hoffnung, in ihre Mauern aufgenommen zu werden. Mit 1700 Hopliten, von denen nach IV. 80. 5. 700 von den spartanischen Behörden mitgegebene Heloten waren, die übrigen Söldner aus dem Peloponnes, trat er den Weg nach der Chalkidike an. Aus der Einnahme von Torone erinnern wir uns jener 20 und 7 Leute (IV. 110)[2]) und der 100 vorausgesandten Peltasten (IV. 111). Den Skionaiern gab Bras.

---

[1]) Vgl. Müller-Strübing, Aristophanes, pg. 549.

[2]) Beiläufig darf auch auf jene Distanzangabe von 40 Stadien (V. 3. 3.) hingewiesen werden, wenn sie auch nicht gerade unter dieselbe Kategorie zu zählen ist.

eine Besatzung von 500 peloponnesischen Hopliten und 300 chalkidischen Peltasten (IV. 124. 4). Auf dem gefahrvollen Rückzuge von Lynkos formirte er ein Corps von 300 Mann, das die Angriffe der Barbarenschwärme abwehrte und nachher den nach Makedonien führenden Pass erstürmte (IV. 124. 1. 125. 3). Bei Amphipolis zog er 1500 thrakische Söldner heran und brachte 2000 Hopliten zusammen, dazu 300 griechische Reiter. Mit ungefähr 1500 von diesen Leuten lagerte sich Bras. auf dem Kerdylion, zum Ausfall wählte er sich 150 Mann aus (V. 6. 4. V. 8. 4). Der Verlust der Brasideer soll 7 Mann betragen haben.

Wir können beobachten, dass Thuk. für diese Partien bestimmte Daten zur Hand hat,[1]) und dass darunter solche sind, von denen wir sagen müssen, dass sie im Interesse des Bras. zugestutzt seien.

Die Geständnisse des Thuk. bei Gelegenheit der Schlacht bei Mantinea (V. 68. 2. 74. 2.) — rühmliche Zeugnisse seines Strebens nach Wahrhaftigkeit, lassen erkennen, dass er auch da, wo er augenscheinlich im spartanischen Quartiere weilte und die spartanische Armee mit eigenen Augen musterte, keine Persönlichkeit an der Hand hatte, die ihm über die Stärke des „Auszugs" vollkommen genauen Aufschluss zu geben bereit war.

Nur im 8. Buch, wo es sich wie in den besprochenen Abschnitten um auswärtige Expeditionen handelt, bei denen das Staatsgeheimnis weniger leicht bewahrt bleiben konnte, stossen wir wieder auf eine Reihe von Daten über spartanische Rüstungen, die ebensosehr wie die Vertrautheit mit den politischen Machinationen in Sparta und Kleinasien die Befragung von vorzüglichen Quellen voraussetzen, wenn auch Alkibiades nicht dazu gezählt werden dürfte. Und doch kann meiner Ansicht nach die Annahme eines Verkehrs zwischen diesen beiden Männern aufrecht gehalten werden, wenn auch die Voraussetzung Fellner's, derselbe habe zwischen 412 und 404 von Skapte Hyle aus stattgefunden, durch L. Herbst[2]) schwer erschüttert worden ist, indem dieser daran

---

[1]) Eigenthümlich ist hier wie anderwärts das Vorherrschen der Dreizahl bei den Lakedaimoniern. 300 handfeste Leute sind es in der Regel, die ausgesondert werden, wenn es einen gewagten Streich auszuführen gilt. Vgl. Classen, Anm. III. 92. 5., wo er auf III. 100. 2. IV. 132. 3. V. 12. verweist. Es liesse sich noch anführen V. 56. 1. 68. 2. 74. 3. VII. 19. vgl. V. 58. 1. etc.

[2]) Philol. Bd. 40. 1881. pg. 335.

erinnerte, dass in dieser Zeit Skapte Hyle erweislich athenischer Besitz, also kein Aufenthaltsort für einen athenischen Verbannten war, und dass nach dem Frieden des Lysander, als dieser Ort ihm wieder offen stand, Alkibiades sich sogleich von seiner thrakischen Feste zu Pharnabazos begab. Die Worte des Thuk. V. 26, 5 [1]) sagen doch deutlich genug, dass an ein zurückgezogenes, beschauliches Leben, ein Verweilen am gleichen Ort im Sinne der Legende, die ihn im Schatten einer Platane sein Geschichtswerk schreiben lässt, nicht zu denken ist, sondern dass er die Zeit seiner Verbannung (welcher Art nun auch diese gewesen sein mag) dazu benützte, sich „auf dem Schauplatz der Begebenheiten umzusehen" und mit einflussreichen Persönlichkeiten in Verbindung zu setzen; dass also ein Zusammentreffen gar nicht in die Nähe jenes Aufenthaltsortes braucht verlegt zu werden. —

Es ist denjenigen, die sich mit Thuk. beschäftigten, nicht entgangen, dass die Darstellung der Thaten des Bras. in der Chalkidike und an der thrakischen Küste (ich möchte fast sagen, die „Brasideis", ohne deshalb geradezu an eine „martialisch-didactische Epopöe" im Sinne Müller-Strübing's zu denken)[2]) sich in der ersten Partie des thukydideischen Geschichtswerks durch ihre völlige Durchbildung und Ausgestaltung abhebt,[3]) wie etwa die des sicilischen Feldzugs in der zweiten Hälfte. Es ist wohl anzunehmen, dass nach dem gewaltsamen Abbrechen seiner militärischen Laufbahn in der ersten Zeit der unfreiwilligen Musse das Augenmerk des Thuk. vorzugsweise auf den Kriegsschauplatz gerichtet war, zu dem er selbst in so nahen Beziehungen stand. Die Gestalt des Bras. hatte für ihn das mächtigste Interesse; der frühe Abschluss von dessen Thätigkeit forderte ihn zur Ausarbeitung dieses einen Abschnitts seiner Geschichte, der

---

[1]) Auf die unbedenkliche Aeusserung: καὶ γενομένῳ γὰρ ἀμφοτέροις τοῖς πράγμασι, καὶ οὐχ ἧσσον τοῖς Πελοποννησίων διὰ τὴν φυγήν — möchte ich mich auch berufen gegenüber einem Einwande, der gegen die Annahme freundschaftlichen Verkehrs zwischen Thuk. und Bras. erhoben werden könnte, als involvire sie den Verdacht, die Haltung des Thuk. während seiner Strategie sei schon eine unlautere gewesen.
[2]) Vgl. Jahrb. f. Phil. u. Paed. 1885. pg. 289 f.
[3]) Vgl. U. v. Wilamowitz-Möllendorff „Die Thukydideslegende", Hermes XII. 1877, pg. 338. Anm. 21.

für ihn selbst so hohe Bedeutung hatte. weil sein eigenes Schicksal hinein verflochten war, sozusagen von selbst auf.

Es lassen sich jeweilen mannigfache Wege vermuthen, auf denen Thuk. zur Kenntnis der in seiner Darstellung mitgetheilten Ereignisse gelangt ist; ebenso wenig fehlt es an natürlichen Erklärungen für die in die Augen fallende Eigenart solcher Mittheilungen.

Ich glaube in der vorliegenden Untersuchung ohne Gewaltsamkeit die Wahrscheinlichkeit des Gedankens dargethan zu haben, dass (— wodurch andere Erklärungen nicht von vornherein ausgeschlossen werden —) Thuk. mit Bras. selbst in Verkehr gestanden hat und von ihm unterrichtet worden ist.

II.

THUKYDIDES UND NIKIAS.

Es lässt sich kaum ein grösserer Gegensatz denken, als derjenige, der zwischen dem Spartaner Brasidas und dem Athener Nikias besteht. Hier ein Mann, der die durch Stammeseigenart und Herkommen gesetzten Schranken kühn durchbricht und, seinem guten Sterne folgend, das Vaterland allein durch persönliche Kraft und Klugheit aus der tiefsten Demüthigung emporheben hilft und mit einem frühen Heldentod wie ein Achilleus[1]) seine Laufbahn beschliesst; dort aus dem wagelustigsten Stamm ein Mann, der voll gottesfürchtiger Scheu sich in den Grenzen des Hergebrachten bewegt, auf die Bühne des Staatslebens gehoben mehr durch äussere Verhältnisse als durch eigenes Streben, der an die Spitze eines unseligen Unternehmens gezwängt, jammervoll endet.

Grote hat die Meinung und das Urtheil des Thuk. über Nikias wie früher das über Kleon einer Prüfung unterzogen und geltend gemacht,[2]) dass Thuk. die Gesinnung des athenischen Publikums im Allgemeinen repräsentire, insofern er wie dieses aus Respect vor des Nikias Ehrenhaftigkeit und Religiosität als Privatmann es nicht über sich gebracht habe, auch da, wo nach seiner eigenen Erkenntnis das grösste Nationalunglück in seiner Unfähigkeit ihren Grund hatte, ihn zu verdammen; dass er durch diese „Privattugenden" sich zu einer nachsichtigen Deutung seiner Mängel als Staatsmann und Heerführer berechtigt glaubte; dass er nicht einsah, dass alle demagogischen Verführungskünste für Athen nicht so verhängnisvoll waren als gerade diese imponirende Integrität des Privatlebens.

Auch nach diesen Erörterungen scheint es mir nicht überflüssig und für eine genaue Kenntnis des Thuk. von erheblichem Werthe zu sein, in seinem Geschichtswerke dieser Persönlichkeit nachzugehen und die Behandlungsweise, die ihr der Geschichtschreiber angedeihen lässt, zu erwägen, zu prüfen, ob diese Art von persönlicher Werthschätzung sich mit der historischen Gerechtigkeit ohne Nachtheil hat vertragen können.

---

[1]) Vgl. Platon Symp. c. 36. 221 c.
[2]) VII. c. LX. pg. 480 ff.

Ueber die militärische Thätigkeit des Nikias vor dem nach ihm benannten Frieden hat Thuk. ein Gesammturtheil abgegeben in den Worten V. 16.1. πλεῖστα τῶν τότε εὖ φερόμενος ἐν στρατηγίαις „der am meisten von den Zeitgenossen in seinen Stellungen als Feldherr gut gefahren war" — ein vorsichtig abgewogener Ausdruck.[1]) Dass er der tüchtigste Stratege Athens in dieser Zeit gewesen sei, hätte ohne Erröthen nicht gesagt werden dürfen. Seine Strategien waren in der Regel glücklich oder doch glimpflich abgelaufen, weil er wenig auf's Spiel gesetzt, weil er sich zu allen Expeditionen so in Stand gesetzt hatte, dass ihm zum mindesten ein erträglicher Ausgang gewährleistet wurde.[2])

Thuk. erwähnt den Nikias zum ersten Male als Strategen im Sommer 427, während ihn Plutarch Nik. c. 2.2. in einer unbestimmt gefassten Notiz schon zu Lebzeiten des Perikles mit diesem gemeinsam und ohne ihn dies Amt bekleiden lässt.

(Thuk. III. 51.) Nach der Niederwerfung des lesbischen Aufstandes, noch im Sommer 427, lief N. mit einer Flotte gegen die Insel Minoa aus, die nur durch eine schmale Untiefe vom Festland getrennt, den Eingang des megarischen Hafens Nisaia beherrschte. Er schnitt dieselbe zuerst von der Verbindung mit dem Festlande ab, indem er die zwei äussersten Thürme Nisaia's in seine Gewalt brachte, wodurch er sich des Eingangs zwischen Insel und Festland versicherte. Auf der Insel legte er eine Befestigung an und liess eine Besatzung darin zurück. Der Zweck dieser Unternehmung war, gegen den megarischen Hafen eine wirksamere Blokade zu unterhalten, als es von Salamis aus hatte geschehen können; es sollte von hier aus in Zukunft das Auslaufen einer peloponnesischen Flotte unmöglich gemacht und zugleich den Megarern von dieser Seite die Zufuhr abgeschnitten werden.[3])

Die Ausführung dieses Planes kostete nur wenige Tage und scheint keinem erwähnenswerthen Widerstand begegnet zu sein. Also bot sich auch keine Gelegenheit zu einer auszeichnenden

---

[1]) Vgl. VI. 17.1. ἕως . . . ὁ Νικίας εὐτυχὴς δοκεῖ εἶναι.

[2]) In der Ausmalung der Furchtsamkeit und Aengstlichkeit des Mannes hat schon Plutarch das Menschenmögliche geleistet; treffender und zugleich vernichtender hat kaum einer über ihn geurtheilt als Plutarch mit dem Worte: ἀπέκρυπτεν εὐτυχίᾳ τὴν δειλίαν (Nik. c. 2.5).

[3]) v. III. 51. 2.

Hervorhebung des Befehlshabers. Immerhin ist nicht ausgeschlossen, dass Thuk. hier dem N. etwas zu viel Ehre anthut, indem er den strategischen Gedanken, welcher der Expedition zu Grunde lag, von ihm ausgehen lässt, ihn nicht bloss als Executor eines allgemein als nothwendig erachteten Planes, sondern aus eigener Initiative handeln lässt: ἐβούλετο δὲ ὁ Νικίας τὴν φυλακὴν αὐτόθεν δι' ἐλάσσονος τοῖς Ἀθηναίοις καὶ μὴ ἀπὸ τοῦ Βουδόρου καὶ τῆς Σαλαμῖνος εἶναι κτλ. Es ist klar, dass es der von Bras. im Herbst 429 unternommene Handstreich auf den Peiraieus war, der die Unzulänglichkeit der bisherigen Beobachtung des megarischen Hafens aufdeckte und es für jeden besonnenen Athener wünschenswerth erscheinen liess, die Wachposten noch näher an den Feind hinan zu schieben.

(III. 91.) Im Sommer des folgenden Jahres machte N. mit 60 Schiffen und 2000 Hopliten einen Angriff auf die dorische Insel Melos, die anmassend genug war, sich der attischen Seeherrschaft nicht unterordnen zu wollen. Als die Melier trotz der Verwüstung ihrer Felder sich zu keinem Zugeständnisse herbeiliessen, fuhr die athenische Flotte nach der Euboia gegenüberliegenden boiotischen Küste. Nach dem thukydideischen Bericht scheint es, als habe man es auf eine Belagerung gar nicht ankommen lassen wollen, sondern von Anfang an beabsichtigt, sofern nicht die Melier, durch den Anblick der starken Kriegsmacht erschreckt und durch die Verheerung ihrer Felder mürbe gemacht, auf die Kniee fielen, die Flotte an einem andern Punkt zu verwenden. Doch sei daran erinnert, dass 10 Jahre später die Athener die Belagerung von Melos mit 38 Schiffen und einer Truppenzahl, welche diejenige des N. nicht so sehr überschritt,[1] unternommen haben. Es scheint mir auch deshalb zu schliessen erlaubt, dass der Versuch, den N. damals machte, doch noch etwas ernsthafter gewesen sei, als sich aus Thuk. Worten ergibt; dass, wie Diodor berichtet,[2] auch schon diesmal zu einer Be-

---

[1] Es ist doch wohl anzunehmen, dass N. neben seinen 2000 Hopliten auch leichte Truppen an Bord führte.

[2] Diodor XII. 65. 2. Diodor hat zwar eben hier, wie öfters, das Unglück, durch die zusammenfassende Arbeitsweise mit der Chronologie in Conflict zu gerathen. Er erzählt die verschiedenen von N. befehligten Expeditionen nach Melos-Tanagra und Korinth in einem Zuge und rückt diese erstere ganz bestimmt in's Jahr 425. Er folgt in seinem Bericht einer mit Thuk. nicht durchweg übereinstimmenden Quelle.

lagerung der Stadt geschritten wurde, die nach einiger Zeit aufgegeben werden musste.

Gleichzeitig mit einem von Athen aufgebrochenen Heere unter Hipponikos und Eurymedon rückte N. von Oropos her auf Tanagra los; sie verheerten die Landschaft und besiegten darauf die durch Thebaner verstärkten Tanagraier in einem Gefecht, worauf das Landheer nach der Stadt zurückkehrte, die Flotte unter N. erst, nachdem sie noch die Küstenlande von Lokris heimgesucht hatte. Auf diese Weise wurde der erste Misserfolg ausgeglichen.

Der Verlauf dieses ganzen Zuges wie des vorigen hat mit den Streifzügen des Perikles die grösste Aehnlichkeit. Unternommen mit schwerer Uebermacht, beschränkten sie sich auf Verwüstung der feindlichen Küsten und Gefechte mit den sich zusammenrottenden Bewohnern der nächstgelegenen Orte und gingen jedem Kampfe mit einem starken Gegner aus dem Wege.

Im Jahre 425/4 bekleidete N. wiederum das Strategenamt.[1]) Während er in Athen zurückgeblieben war, hatte Demosthenes Pylos besetzt und die von Zakynthos zurückgerufene Flotte die peloponnesische daselbst geschlagen und dadurch die auf der Insel Sphakteria stehenden Hopliten abgeschnitten. Die spartanischen Friedensanerbietungen wurden auf Kleon's Rath abgewiesen. Als es nun aber den Anschein bekam, als könnte sich die Belagerung der Insel bis in den Winter hinein ziehen, und man in Athen einen schimpflichen Ausgang befürchtete, da spielte sich in der Volksversammlung zwischen N. und Kleon das bekannte Schauspiel ab, das damit endete, dass N. für den Pyloskrieg seine Strategie an Kleon abtrat, und dieser die Sache zu einem unerwartet glänzenden Ende führte.

Dass die Rolle, die N. und seine Gesinnungsgenossen bei dieser Gelegenheit spielten, eine wenig ehrenvolle war, hat Grote nicht verhehlt.[2])

---

[1]) Nach Beloch (Die attische Politik seit Perikles. Leipz. 1884. pg. 322, Biogr. Anhg.) war Nik. von 428,7 bis 414/3 im Strategencollegium, mit Ausnahme der Jahre 426/5, 420/19 und vielleicht 422/1 und 419/8 (vgl. Strategenverzeichn. ibid.), während er nach Gilbert (Beitr. z. innern Gesch. Athens, 1877. pg. 416) nur ein einziges Mal seit 427 bei den Strategenwahlen war übergangen worden.

[2]) VII. c. LII. pg. 462ff.

Gilbert geht jedenfalls nicht zu weit, wenn er sagt: (pg. 183): „Viel schwerern Tadel als Kleon verdient unstreitig Nikias und die Partei der Verständigen, wie sie Thuk. nennt, die in der Hoffnung, Kleon für immer zu compromittiren, keinen Anstand nehmen, den Ausgang der Expedition auf's Spiel zu setzen." [1]) Es ist nicht denkbar, dass das Schimpfliche in der Haltung des N. Thuk. gar nicht sollte bewusst gewesen sein. In seiner Erzählung ist aber kein Ton des Vorwurfs enthalten, so wenig als er nachher etwas von Kleon's Triumph zu erzählen weiss. Sein Bericht zeichnet nur Kleon mit dem Makel lächerlicher Prahlerei und den Demos mit dem unwürdigen Leichtsinns und Wankelmuths. [2])

Auf den Demos fällt denn auch ein gut Theil der Verantwortlichkeit von N. zurück. Der „Pöbel," sonst Kleon's guter Freund, hat ihn bei seinem dreist hingeworfenen Worte genommen, ihn in die Enge getrieben und sich über seinen Angstschweiss lustig gemacht. Der Pöbel, wie Thuk. 28.₃. sagt, hat Nik.

---

[1]) Dass man schon im Alterthum die Abtretung der Strategie zwar nicht so sehr als einen Beweis von hässlichem Egoismus, der das Interesse der Partei vor dem des Staatswohles zurücktreten liess, denn als einen Act der Feigheit aufgefasst hat, ist aus Plutarch's Worten ersichtlich, Nik. c. 8. 2: „Und dies brachte Nikias grosse Schande; denn nicht nur als ein Wegwerfen des Schildes, sondern als etwas Schimpflicheres und Niedrigeres erschien es, aus Feigheit freiwillig die Strategie abzugeben, und dem Feinde Gelegenheit zu einem Glücksstreich zu verschaffen, indem er sich selbst seines Commandos entsetzte." Wenn dann aber Plutarch c. 8. 4. zettert über den Schaden, den Nikias der Vaterstadt angerichtet habe dadurch, dass er Kleon vermöge seiner Kriegslorbeeren seinen demagogischen Einfluss bis in's Ungemessene steigern liess, so werden wir darin nicht mit Unrecht einen eigenen Gefühlserguss Plutarch's erkennen, der vor der unfeinen Art Kleon's den ehrlichsten Abscheu empfand und im guten Glauben an die unbedingte Wahrhaftigkeit der aristophaneischen Schilderungen in ihm die verkörperte Tollheit und zügellose Selbstsucht eines Tribünenschreiers erblickte; vgl. Nik. c. Crasso comp. c. 3.₁. —

[2]) Das muss Emminger (pg. 61) zugegeben werden, dass Thuk., wenn er „über die Gesinnung seiner Parteigenossen für diesen Fall einfach ruhig referirt, ohne dass er beisetzt, dass er ihr Urtheil für das einzig richtige gehalten wissen wolle," damit nicht schon „parteiisch" ist; und dass das Verschweigen derselben viel eher in diesem Sinne könnte ausgelegt werden. Aber es lässt sich doch nicht verkennen, dass in diesem ruhigen „Referate" das, was in Kleon's Gebahren tadelnswerth genannt werden kann, durch das blosse „Referat" gebrandmarkt wird, während das Tadelnswerthe an Nikias durch dasselbe keineswegs zum Ausdruck kommt, weil es nach des Autors Ansicht nicht kommen soll.

geheissen, sein Amt abzutreten, und jenem zugeschrieen, er solle ausfahren. Es lässt sich nun sehr wohl die Frage aufwerfen, ob Thuk. diesen ὄχλος nicht zu sehr vorgeschoben hat, eben zu dem Zweck, den N. zu decken. Dem athenischen Volke zuzutrauen, dass es sich ein Vergnügen daraus gemacht habe, seinen Führer und Vertrauensmann in dieser Weise auf's Glatteis zu jagen, wird einem nicht ganz leicht, wenn man auch gerne mit Müller-Strübing[1]) ihm ein volles Mass von Boshaftigkeit „même envers les amis" zuerkennt.

Freilich, wenn man sich auf den Standpunkt des Thuk. versetzt, so bereitet dies nicht grosse Schwierigkeit. Büdinger stellt die Meinung des Thuk. vom athenischen Volk jedenfalls noch zu hoch dar, wenn er sich pg. 405 so ausdrückt, Thuk. „lässt sich über die Versammlung des Herrschervolks das Wort entschlüpfen: wie der Haufen zu thun liebt." Als ob das nur hier und unbeabsichtigt geschehen wäre! Thuk. hält mit dieser geringen Achtung vor dem Herrschervolk gar nicht hinter dem Berg. Man denke nur an die bekannte Stelle über die Verurtheilung und Wiederwahl des Perikles II. 65.4. Thuk. hat nach meinem Dafürhalten entschieden eine Neigung, die Verantwortlichkeit für Fehler, die einer grossen, ihm sympathischen Persönlichkeit in's Schuldbuch geschrieben werden müssen, auf den namenlosen Haufen fallen zu lassen, um das von jener entworfene Bild nicht zu trüben.[2])

Gilbert (pg. 184) hat auch treffend auf die Haltung der Komödie in dieser Angelegenheit hingewiesen. Während ein Kleon für ein ähnlich schwächliches Benehmen unzweifelhaft mit einem Hagel von Schmähungen überschüttet worden wäre, hat N., soviel wir aus Plutarch (Nic. c. 14) erfahren, keine ernstlichen Anfechtungen zu erleiden gehabt. Dürfen wir auch selbstredend den Komiker und den Historiker durchaus nicht auf dieselbe Linie stellen, so erhöht doch die Haltung der Komödie, indem sie uns einen Einblick in die Denkweise der aristokratischen Partei gewährt, die Berechtigung, die schonende Behandlung des N.

---

[1]) Aristophanes pg. 375.
[2]) Dasselbe bemerkt Dunker, Geschichte des Alterthums Bd. 9. pg. 316 zu Perikles, was wohl zu vereinen mit der Annahme Ad. Bauer's Philol. 46. 1888. pg. 464/5, das 1. Buch sei eine Vertheidigung des Andenkens des grossen Staatsmannes.

durch Thuk. aus Motiven politischer und persönlicher Natur abzuleiten. —

Stolz auf den errungenen Erfolg, im Vertrauen auf das gute Pfand, das man in Händen hatte, hinderte die Kriegspartei, Kleon an der Spitze, jedes Abkommen mit Sparta, indem sie die Forderungen immer höher und höher spannte (41. 3. 4.) Die Friedenspartei konnte gar nicht anders als an der nun einmal eingeschlagenen Politik theilnehmen, wenn sie nicht ganz aus dem Felde geschlagen werden, wenn sie nicht geradezu als vaterlandsfeindlich erscheinen wollte.

Leicht verständlich ist, dass nach dem über den Hauptgegner erfochtenen Sieg in Athen nicht nur das Selbstbewusstsein sich hob, sondern auch sofort die Lust erwachte, dem benachbarten Korinth, dem thätigsten Bundesgenossen Sparta's, gegen das der Hass doppelt scharf sein mochte, weil er durch die Nachbarschaft und durch die Kreuzung der Handels- und damit der Privatinteressen etwas Persönliches an sich hatte und durch fortwährende Berührung genährt wurde, seine Feindschaft heimzuzahlen.

(IV. 42—45.) Noch im Sommer 425, unmittelbar nach der Rückkehr Kleon's von Sphakteria fuhr eine gewaltige Flotte von 80 Trieren mit 2000 Hopliten und 200 Reitern auf besondern Transportschiffen nebst Contingenten von Milet, Andros, Karystos gegen Korinth. N. führte in Gemeinschaft mit zwei andern das Commando, wahrscheinlich mit ausserordentlicher Vollmacht versehen.[1]) Er wollte, wie Classen bemerkt, durch das neue Unternehmen dem unerwarteten Erfolge Kleon's ein Gegengewicht schaffen. Nicht unwahrscheinlich ist es, dass der Plan auf eine Festsetzung im korinthischen Gebiet berechnet war. Die Landung wurde so klug bewerkstelligt, dass die Hälfte der zur Abwehr bereit stehenden korinthischen Mannschaft nicht zum Schlagen kam, sondern, während am Hügel, auf dem Solygeia lag, gefochten wurde, weiter nördlich am Busen von Kenchrea stehen blieb, um einem Angriff auf Krommyon zu begegnen. Nach langem hitzigem Kampfe wurden die Korinther durch die athenische Reiterei geworfen, doch nur so, dass sie sich auf die nächsten Höhen zurückzogen und den Angriff nicht wiederholten. Sobald

---

[1]) Sofern nämlich Gilbert (pg. 38 ff.) für die Erklärung der Ausdrucksweise τρίτος αὐτὸς u. ä. das Richtige getroffen hat: der unter den (nicht genannten) Collegen eine „autokratore" Stellung inne hatte.

von Korinth und Kenchrea Verstärkung nahte, segelten die Athener ab und plünderten dann ungehindert die durch den Abzug der erwähnten Mannschaft wehrlose Gegend von Krommyon. Hierauf wandten sie sich südwärts, errichteten auf dem schmalen Isthmos der Halbinsel, worauf Methone lag, ein Fort und legten eine Besatzung hinein, die in der Folge die umliegende Landschaft durch ihre Streifzüge beunruhigte.

Die geringe Ueberlegenheit der athenischen Waffen im Gefecht bei Solygeia ist von Thuk. nicht verhüllt. Nun aber hat X. auch auf diesen Sieg noch Verzicht geleistet. Thuk. erzählt IV. 44. 5-6, die Athener hätten bei ihrem Rückzug nach den nahe gelegenen Inselchen zwei Todte nicht gefunden und folglich zurücklassen müssen; sie hätten sie dann durch einen Herold abholen lassen. Thuk. hat die Consequenz dieses Schrittes nicht ausgesprochen, wohl aber der moralisirende Plutarch, der sie umständlich begründet und als Beweis für die pietätvolle Gesinnung des X. ausgeführt hat. (Nic. c. 6.5.)

Die Anlage eines Forts auf dem Isthmos von Methone bildete augenscheinlich eine Parallele zu der Befestigung von Pylos. Der Unterschied war nur der, dass sie mit keiner Gefahr verbunden war und die von dort unternommenen Streifzüge nicht eine fortwährende Plage und Gefahr für den Hauptfeind Athens waren.

Der eigentliche Lenker der athenischen Politik, Kleon, hat damals eine grosse Rührigkeit entfaltet, den errungenen Sieg zu verfolgen, und in dieser Zeit schon in Argos einen mächtigen Verbündeteten zu gewinnen versucht. Gilbert (pg. 188) hat dies nämlich aus zwei Stellen der aristophaneischen Rittercomödie (464-66, vgl. 393—4) gefolgert, welche Kleon geheime Zusammenkünfte in Argos zum Vorwurf machen, die angeblich den Zweck hätten, die Argiver den Athenern zu Freunden zu machen, in Wahrheit aber den, sich dort die Auslieferung der lakedaimonischen Gefangenen abkaufen zu lassen.

Möglicherweise bietet sich in unserer Erzählung ein neuer Anhaltspunkt. Cap. 42. 3 enthält die Notiz, die Korinther hätten von Argos aus vorher erfahren, dass das Heer der Athener kommen würde, und sich deshalb schon von längerer Zeit her in Bereitschaft gesetzt. Vielleicht ist dies eben daraus zu erklären, dass während des Planens und Rüstens in Athen diese Verhandlungen mit Argos stattfanden, ja dass Kleon gehofft hatte, die Argiver zu einer gemeinsamen Action gegen Korinth bereden zu können, und dass auf diesem Umwege das Vorhaben argivischen Aristokraten zu Ohren kam, die den Alarmruf nach Korinth gelangen liessen.

Rüstig schritt Athen weiter auf dem Wege, den Demosthenes gezeigt und dank der Unterstützung Kleon's geebnet hatte. Kythera war die dritte feindliche Position, die im Sommer 424 genommen wurde. (IV. 53—57). Wieder stand N. mit zwei Gesinnungsgenossen, Nikostratos und Autokles, an der Spitze der beträchtlichen Kriegsmacht. Die Unterwerfung der von lakedaimonischen Periöken bewohnten Insel wurde befördert durch die Verbindungen, die N. mit Einzelnen angeknüpft hatte; diesen verdankten es die Kythereer, dass sie in ihren Wohnsitzen belassen und nur zu steuerpflichtigen Unterthanen gemacht wurden (57. 4). Uebrigens waren Opfer vorhanden, an denen der athenische Demos sein Rachegefühl befriedigen konnte. N. hatte auch die lakonische Küste heimgesucht und endlich das Städtchen Thyrea in Kynuria verbrannt und die darin von den Spartanern angesiedelten Aigineten theils niedergemetzelt, theils gefangen nach Athen gebracht. Die Unglücklichen wurden nun zum Tode verurtheilt.[1]

Die leichten Erfolge der Expedition an der peloponnesischen Küste erklärt Thuk. selber aus der Muthlosigkeit, welche die Lakedaimonier befallen hatte, und aus dem Umstande, dass sie auf solche Angriffe im eigenen Lande sich nicht genügend vorgesehen hatten (IV. 55. 56.)

Die aristokratische Partei in Athen hatte Leuten aus ihren Reihen das Schwert in die Faust gedrückt, um nachher auch ihrerseits auf Kriegserfolge pochen zu können.[2] In der That, dies Amtsjahr war recht geeignet gewesen, das Renommée ihrer Partei aufzufrischen. Sie hatten dem Feinde ein wichtiges Besitzthum geraubt, gleichsam den deckenden Schild vom Leibe gerissen (IV. 53. 3). Dagegen wollte es das Schicksal, dass die mit grossen Mit-

---

[1] Die Versuche Müller-Strübings (Thukydideische Forschungen, Wien 1886. pg. 194 ff.), die Athener von diesen wie von andern „Flecken" reinzuwaschen, dürften als gescheitert angesehen werden, trotz der dankbaren Zustimmung W. Jerusalems Zts. f. öst. Gym. 33. Jhg. pg. 339 ff., vgl. Ad. Bauer, Philol. 43. 1884. J. M. Stahl, Gött. gel. Anz. 1882. pg. 77 ff.

[2] Beloch nimmt an, Kleon habe seit der Rückkehr von Sphakteria bis zum Ablauf des betr. Amtsjahres als ausserordentlicher Stratege dem Collegium beigewohnt, dann zwei Jahre als gewählter Stratege, habe aber „in richtiger Erkenntnis der ihm mangelnden militärischen Erfahrung die Leitung der Operationen Andern überlassen; pg. 41/2. 42/3. Anh. pg. 304—5.

teln in's Werk gesetzte Unternehmung gegen Boiotien, wesentlich eine Speculation der Volkspartei, zu einer so empfindlichen Niederlage führte.

Der unglückliche Ausgang der Schlacht bei Delion und die Erfolge des Brasidas im Norden brachten in Athen das Friedensbedürfnis zum Durchbruch und machten Nikias und seine Gesinnungsgenossen zu den Vertretern des allgemeinen Volkswillens. Als Unterhändler und Unterzeichner des Waffenstillstandes, der im März 423 zwischen Sparta mit seinen Bundesgenossen und Athen abgeschlossen wurde, treffen wir von Seiten Athens Nikostratos, Nikias, Autokles, Strategen desselben Jahres. (IV. 119. 2.)

Nicht dass Kleon durch die Misserfolge der democratischen Kriegspartei, deren Haupt er war, vom Schauplatz verdrängt worden wäre.[1]) Er hat offenbar mit Nachdruck auf energisches Vorgehen gegen Bras., der sich über den Waffenstillstand hinwegsetzte, hingearbeitet, um zu retten, was zu retten war.[2]) Er hat den Volksbeschluss durchgesetzt, nach dem über Skione, welches nach dem Waffenstillstand freiwillig zu Bras. übergetreten war, ein strenges Strafgericht verhängt werden sollte. (IV. 122. 6.)

Nikias war mit Nikostratos Befehlshaber der Flotte, die zu diesem Zwecke nach der thrakischen Provinz gesandt wurde. Ihr Erfolg war unvollkommen.[3]) Nach einer halben Niederlage des athenischen Heeres war dank einer Meuterei gegen den lakedaimonischen Commandanten die offene Stadt Mende genommen, die Festung eingeschlossen worden. Skione, in das sich während der Belagerung die aus der Festung von Mende ausgebrochenen Soldtruppen warfen, wurde nach einem glücklichen Gefecht durch Wall und Mauer gesperrt, doch musste am Ende des Sommers die Flotte nach Zurücklassung einer Besatzung in den Werken heimkehren.

Bedeutend raschere Erfolge erzielte im folgenden Jahre Kleon, indem er Torone und später Galepsos, eine thasische Colonie in seine Gewalt brachte, nachdem sein Angriff auf Stageiros, die andere Station vor Amphipolis, fehlgeschlagen war. Dass er seine Kräfte nicht bei Skione aufrieb, sondern an Punkten anfasste, wo die Verhältnisse günstiger zu liegen schienen, um endlich, vereinigt mit dem Bundescontingent des Perdikkas und thrakischen Sold-

---

[1]) vgl. Beloch. pg. 42—3.
[2]) vgl. Grote, VI. c. LIV. pg. 529.
[3]) Thuk. IV. 129—131. 133. 4.

truppen den Angriff auf das Centrum zu wagen, von dessen Besitz die Oberherrschaft Athens in diesen Gegenden abhing, das zeigt nur soviel, dass er durchaus kein bornirter Kopf war. und dass er die Aufgabe, die er sich selbst gestellt hatte, (5.1.2.), richtig erfasste. An die Heldengrösse eines Bras. freilich reichte sein Können lange nicht heran. Hier ist sein Glück zerschellt.

Wenn man beobachtet hat, mit welcher Abneigung Thuk. von dem kriegerischen Eifer Kleon's, von seinen Bemühungen, die Athener in die von Sparta dargebotene Hand nicht einschlagen zu lassen, spricht, so wird man nicht umhin können, anzunehmen, des N. Bestrebungen hätten seine Billigung gefunden; die Tendenz des N., durch das ἀκίνδυνον der Stadt die Hegemonie zu sichern, sei nach seiner Meinung wirklich die richtige und erspriessliche gewesen. Gewiss durfte Athen mit den in den Bedingungen des Nikiasfriedens enthaltenen Erfolgen zufrieden sein.[1]) Dass aber die Herausgabe der spartanischen Gefangenen, die vor allem N. betrieben hatte, wie u. a. VII. 86. 3. deutlich sagt. ein übereilter Schritt gewesen sei, darüber haben gleich die folgenden Ereignisse jedem Verständigen die Augen geöffnet.[2])

Man könnte nicht behaupten, dass in den sichtlich genau bemessenen Worten V. 16.1.. die des N. Friedenstendenzen begründen, ein unbedingtes Lob enthalten sei; jeder Leser wird wohl die Betonung einer allzu ängstlichen Denkart herausfühlen. Doch kann ich aus den S. 32 angedeuteten Gründen mit Steup nicht übereinstimmen, wenn er dies neben den sprachlichen Anstössen dieses Capitels dazu benützt, dasselbe als Interpolation zu erweisen. Auch so ist N. unendlich über Kleon erhaben. Denn Kleon's Beweggründe sind nach des Autors Ansicht durchaus niederträchtig und gemein ; die des N. sind zwar nicht Zeichen hochherziger Gesinnung und besonderer staatsmännischer Weisheit; aber sie zeugen doch von Rechtschaffenheit und Ehrlichkeit; sie drücken den Willen aus, nicht das Staatswohl persönlichen Leidenschaften zu opfern, sondern das eigene Wohl um des Staatswohles willen, zum Frommen des Ganzen, zu erstreben. Die dem N. zugeschriebenen Motive entsprechen auch so durchaus der sonstigen Gesinnung des Geschichtschreibers, seiner grossen Wohlmeinenheit ihm gegen-

---

[1]) vgl. Beloch, pg. 47.
[2]) vgl Th. V. 35. 4.

über, die ihn aber hier doch nicht geradezu verführt hat, das von ihm für richtig Gehaltene in beschönigender Form darzubieten.

Sofort nach dem Frieden und dem Bündnis Athens mit Sparta begann auch Alkibiades seine dem N. entgegenarbeitenden Intriguen. Er hatte mit seinem Hetzen gegen Sparta und der Empfehlung eines argivischen Bündnisses leichtes Spiel, da N., der in aller Augen mit den Lakedaimoniern solidarisch war, durch ihre offen am Tag liegende Unredlichkeit, bei der Erfolglosigkeit seiner vermittelnden Botschaft (V. 46. 4.), in seiner Stellung erschüttert sein musste.[1]

Auch hier noch ist zu erkennen, dass Thuk. nicht nur wie billig die Umtriebe des ehrgeizigen jugendlichen Alkibiades verurtheilt, sondern auch gegenüber den berechtigten Angriffen auf N. für *ihn* Stellung nimmt, auch diese blos als die Aeusserungen lästersüchtiger Demagogen und eines wankelmüthigen Volkes betrachtet wissen möchte. Oder wird in uns nicht die Meinung wachgerufen, der redliche, wohlmeinende N. sei eben nur das Opfer gewissenloser Intriguanten, wenn wir lesen, dass der Grund seiner Bemühungen, wenigstens das zu erreichen, dass die Spartaner den Vertragseid von neuem beschworen, die Befürchtung war: $\mu\dot{\eta}$ $\pi\acute{a}\nu\tau\alpha$ $\dot{\alpha}\tau\epsilon\lambda\tilde{\eta}$ $\ddot{\epsilon}\chi\omega\nu$ $\dot{\alpha}\pi\acute{\epsilon}\lambda\vartheta\eta$ $\kappa\alpha\grave{\iota}$ $\delta\iota\alpha\beta\lambda\eta\vartheta\tilde{\eta}$, $\ddot{o}\pi\epsilon\rho$ $\kappa\alpha\grave{\iota}$ $\dot{\epsilon}\gamma\acute{\epsilon}\nu\epsilon\tau o$, $\alpha\ddot{\iota}\tau\iota o\varsigma$ $\delta o\kappa\tilde{\omega}\nu$ $\epsilon\tilde{\iota}\nu\alpha\iota$ $\tau\tilde{\omega}\nu$ $\pi\rho\grave{o}\varsigma$ $\Lambda\alpha\kappa\epsilon\delta\alpha\iota\mu o\nu\acute{\iota}o\upsilon\varsigma$ $\sigma\pi o\nu\delta\tilde{\omega}\nu$ (46.4.)?

Ohne Verleumdung hat kaum je eine Partei in Athen den Kampf gegen ihre Gegner ausgefochten; aber hatten des N. Widersacher[2] nicht ihr gutes Recht, ihn für die Enttäuschungen und Nachtheile Athens verantwortlich zu machen? Trug er doch nicht nur in der Meinung der von seinen politischen Gegnern geleiteten Volksmenge, sondern in Wirklichkeit die Hauptschuld an dem zu vertrauensseligen Entgegenkommen Sparta gegenüber. Auch war der Unmuth des Volkes gegen Sparta schon seit längerer Zeit geweckt und gesteigert worden, so dass es kein plötzliches Auflodern des Zorns zu sein brauchte, was die Athener trieb, sich Argos an den Hals zu werfen.[3]

Der Weg, den Alkibiades in seiner äussern Politik einschlug, war der durch die Tradition und die Thatsachen gebotene. Nur

---

[1] Vgl. Beloch pg. 52.
[2] Thuk. wird nicht nur Alkibiades, sondern auch Hyperbolos, den Erben Kleons, mit seinen Parteigenossen im Auge haben.
[3] 46.4. $\epsilon\dot{\upsilon}\vartheta\dot{\upsilon}\varsigma$ $\delta\grave{\epsilon}$ $\dot{o}\rho\gamma\tilde{\eta}\varsigma$ $\epsilon\tilde{\iota}\chi o\nu$. . . .

hätte, um die Verbindung mit Argos zu einer festen zu gestalten, der Vermittler eine ehrenwerthere Persönlichkeit sein sollen.

Als Stratcg hat er die argivische Symmachie zum Kriege gegen Sparta organisirt, der denn auch schon 419 wahrscheinlich mit einer Niederlage der Argiver geendet hätte, wenn nicht zwei argivische Oligarchen mit König Agis eigenmächtig ein Abkommen getroffen hätten. Erst als Athen nicht mehr zurück konnte, erschienen Laches und Nikostratos, die Freunde des N., auf dem Schauplatz, bei ihnen der nicht wiedergewählte Alkibiades als civiler Abgeordneter, und auf seine Initiative hin wurden die Spartaner durch Brandschatzung ihrer Bundesgenossen zum Kampf bei Mantinea gereizt, der die Spartaner mit vollständigem Siege krönte.

Dass N. nicht persönlich in die argivische Politik eingriff, ist bei seiner sonstigen Stellung selbstverständlich. Durch einen direct gegen Sparta gerichteten Feldzug konnte er sein eigenes Werk nicht zertrümmern.

Wohl aber hat er, wahrscheinlich im Sommer 417 (Thuk. V. 83)[1]) die Leitung einer Expedition gehabt, die ein für Athen viel wichtigeres Ziel hatte, nämlich die Rückeroberung der verlorenen Besitzungen in der Chalkidike und von Amphipolis.

Die Nothwendigkeit der Erledigung dieser Aufgabe hatte sich eben doch nunmehr als so dringend herausgestellt, dass sich ihr auch N. nicht entziehen konnte — eine handgreifliche Rechtfertigung der Politik des todten Kleon.[2]) Die Expedition ist aber, wahrscheinlich noch vor ihrem Abgang von Athen gescheitert: wie Thuk. V. 83. 4. sagt, hauptsächlich weil Perdikkas von Makedonien sein Bündnis verleugnet hatte.[3]) Zur Strafe wurde sein Land blokirt.

---

[1]) Vgl. Gilbert pg. 242. Müller-Strübing, Arist. pg. 429 ff. Betr. der Zeit vgl. Beloch Anhang pg. 308: „Die Expedition des N. nach Thrakien war für den Winter dieses Jahres (417/6) beabsichtigt." (?)

[2]) V. 2.1. Κλέων δὲ Ἀθηναίους πείσας ἐς τὰ ἐπὶ Θρᾴκης ἐξέπλευσε deutet auf den Widerstand, den er zu überwinden gehabt hatte. Die Controverse über Art und Weise, wie Kleon damals zu seiner Strategie gelangt war (vgl. Grote VI. c. LIV. pg. 629 f. Onken II. 419. Büdinger pg. 409. Anm. Emminger pg. 69) ist von Beloch durch die Annahme beseitigt worden (mit Bezug auf Aristoph. Wesp. 790) er habe sich seit seiner glänzend abgelaufenen ersten Strategie jedes Jahr um dieses Amt beworben, und zwar, 423 2 ausgenommen, mit Erfolg; dies sei von Thuk. deshalb nicht erwähnt worden, weil er bis zu dieser Gelegenheit den Vorsitz im Collegium und die Ausführung der Operationen Andern überliess. (pg. 41/2. 304 5.)

[3]) Vgl. Classen, B. V. 2. Aufl. Vorbem. pg. 20.

Ich glaube, dass man in dieser beiläufigen und ganz nachträglichen Erwähnung eines Unternehmens, zu dessen Missglücken die Aengstlichkeit des N. wahrscheinlich das Ihre beigetragen hatte, wieder ein Symptom der zarten Schonung gegenüber einer sympathischen Person zu erkennen berechtigt ist.[1])
Hier muss auch ein Ereignis Erwähnung finden, das die Machtstellung des N. und Alkibiades in dieser Zeit in Frage stellte, der sog. Ostrakismos des Hyperbolos, den Gilbert in Uebereinstimmung mit Curtius und Kirchhoff in's Jahr 418/7 verlegt.[2]) Nach Plutarch's Erzählung vereinigten sich, als die Ekklesie die Vorfrage inbetr. der Ostrakophorie bejaht hatte, die Hetairien des Alkibiades und N. und zwar auf Anregung des erstern und setzten die Ostrakisirung des Hyperbolos durch.[3])
Dass Thuk. den Vorgang an seinem Orte nicht erwähnt, erweckt bei der bekannten Art seiner Geschichtschreibung kein Befremden. Höchst charakteristisch aber ist es für seine Denkweise, dass er da, wo er zurückgreifend, dieses Vorgangs gedenkt, nicht im geringsten andeutet, dass die Ostrakisirung desselben nur durch die Machination zweier Parteihäupter zu Stande gekommen sei, sondern kühl berichtet, dieser Hyperbolos, „ein nichtswürdiger Mensch, sei ostrakisirt worden, nicht etwa aus Furcht vor seiner Macht und seinem Ansehen, sondern um seiner Schlechtigkeit und der Schande willen, die er über die Stadt brachte."[4])

---

[1]) „War diese nicht ohne grosse Rüstung in Scene gesetzte Expedition früher der Erwähnung nicht werth?" frägt Müller-Str. Arist. pg. 430, allerdings aus andern Gründen. Derselbe vermuthete aus Plut. Nic. c. Crasso comp. c. 2. 4. N. habe eine von Perdikkas zugefügte Beleidigung nicht zu ahnden gewagt. Vielleicht liess er sich bloss durch dessen drohende Haltung schrecken. Vgl. Beloch pg. 57.

[2]) pg. 231. Anm. Beloch bestimmter in den Febr. des Jahres, Exc. IV. pg. 339—340.

[3]) Plut. Alc. 13. Nic. 11. Aristid. 7, die freilich nicht harmoniren. Deshalb hat K. Seeliger die Erzählung als blosse sensationelle Erfindung zu erweisen versucht (Jahrb. f. Phil. 115. 1877. 739 ff.), während Zurborg sie in berichtigter Gestalt aufrecht hält (Hermes XII. 198 f.), ebenso Beloch, der sich den Vorgang wieder etwas anders zurecht legt (pg. 55—58. Exc. IV. 339—40.)

[4]) Die Leidenschaftlichkeit der Sprache und die Gleichartigkeit des Ausdrucks in Thuk. und Aristoph. Ri. 1304 könnte freilich von einem, der an eine durchgehende Interpolirung des Thuk. oder mit Wilamowitz (Curae Thukydideae, Göttg. Lect. Cat. Somm. 1885. Hermes XX. pg. 477 f.) und Junghahn (Studien zu Thukydides; Neue Folge 1886) an die Existenz eines Herausgebers glaubt,

Bekannt ist aus Thuk. die grosse Abneigung des N. gegen den sicilischen Eroberungskrieg, sein Bestreben, ihn auch noch im letzten Momente zu hintertreiben. Alkibiades unternahm es, das seit Perikles' Tagen genährte Project, dessen Ausführung man sich schon im Jahre 425/4 nahe geglaubt hatte,[1]) zu realisiren, um seinem Ehrgeiz Befriedigung zu verschaffen. Die überwiegende Mehrzahl der Bürgerschaft war für das Unternehmen begeistert. Das Hilfsgesuch der Egestaier fand in der wohlbearbeiteten Ekklesie keinen entschiedenen Widerspruch.

Dass N. erst fünf Tage nach dem Volksbeschluss, der ihn mit Alkibiades und Lamachos zum Feldherrn der Flotte von 60 Trieren mit unbeschränkter Vollmacht erhoben hatte, obwohl die Wahl gegen seinen Wunsch erfolgt war, in öffentlicher Versammlung die Ausfahrt derselben zu hindern suchte, möchte ich nicht unbedingt mit Gilbert als „ein characteristisches Zeichen für die Langsamkeit seiner Entschlüsse" auslegen. Damit, dass ihn Thuk. erst hier die Rednerbühne besteigen lässt, ist durchaus nicht gesagt, dass er nicht schon vorher seinen Einfluss gegen die Ausführung des Planes geltend gemacht hätte. Thuk. fasst eben da alle Argumente, die sich für und wider die Expedition vorbringen liessen, in abgeschlossenen Reden zusammen, wo die Dispositionen dazu am günstigsten sind. Ebenso hat er früher, III. 37 ff., bei den Verhandlungen über die Bestrafung von Mytilene erst in der zweiten Versammlung die Rede Kleon's mitgetheilt, obwohl, wie Thuk. III. 36. c sagt, Kleon schon in der vorhergehenden das Todesurtheil durchgesetzt hatte, natürlich ebenfalls durch die Gewalt seiner Rede; und zwar deshalb, weil hier das Für und Wider durch die unmittelbare Gegenüberstellung von Diodotos' Rede am hellsten beleuchtet wird, und weil die Argumente, auf verschiedene Gelegenheiten vertheilt, den Gesammteindruck schwächten. Soweit waltet eben das rhetorische Princip vor.

Thuk. hat denn auch nichts versäumt, um darzuthun, dass N. von vornherein über das Trügerische des ganzen Unternehmens,

---

dem alles Unbequeme oder unpassend Scheinende auf's Gewissen geladen wird, als Zeichen dafür gedeutet werden, dass wir es hier mit einer Einschiebung zu thun haben, die nach dem aus Aristophanes bekannten Bilde fabrizirt sei. (Dies behauptet Steup a. a. O. von dem Urtheil über Kleon V. 16.)

[1]) Vgl. Thuk. IV. 65. Process des Pythodoros u. Collegen. — Duncker Gesch. d. Alterth. Bd. 9. pg. 316.

über die Unrichtigkeit der Berechnungen im Klaren war. Er hat nicht nur wie natürlich alles seiner Ansicht nach Vernünftige, was damals gegen dasselbe geltend gemacht werden konnte, in seine erste und die nachträgliche Rede aufgenommen, sondern sogar dies und jenes, was sich eigentlich erst aus der Betrachtung des Geschehenen ergab.[1]) Er verfehlt auch nicht, da, wo die Lügenhaftigkeit der egestaiischen Versprechungen an den Tag kam (46.2), zu bemerken, dass dies für N. nichts Unerwartetes gewesen sei, während die beiden andern in Bestürzung versetzt wurden.

Die drei Feldherren waren scheinbar sehr klug und vorsichtig, in Wahrheit höchst unglücklich gewählt. Sie sollten sich gegenseitig ergänzen, eine glückliche Mischung von vorsichtiger Bedächtigkeit, kühnem Unternehmungsgeist und Kühnheit im Kampfe schien für guten Ausgang sichere Gewähr zu bieten.[2]) Schon der Anfang zeigte, dass zwischen einem N. und Alkibiades nur Zwiespalt herrschen konnte.

Es ist kaum zufällig, dass Thuk. wie Diodor (VI. 8.—XII. 84. XIII. 2) die Feldherren in der Reihenfolge: Alkibiades, Nikias, Lamachos nennen. Diese Stellung deutet auf einen gewissen Vorrang des Alkibiades, ganz natürlich, da er ja die Seele der ganzen Unternehmung war. Lamachos war ein tapferer Haudegen, jedoch, wie Plutarch Nic. 15, Alc. 21 zeigt, wegen seiner Armuth ohne Autorität. Die leitende Stellung im Feldherrncollegium gab Alkibiades jedenfalls auch die erste Stimme im Rath. Wenn Thuk. trotzdem bei der ersten Berathung über die Art des Angriffs auf Sicilien in erster Linie die von N. vertretene Ansicht exponirt, so hat ihn dabei doch nicht etwa die Absicht geleitet, die Person des N. in den Vordergrund zu stellen; vielmehr wurde diese Anordnung bedingt durch die in diesen drei Ansichten sich darstellende rhetorische Steigerung.

Das Staatsbotenschiff, das den Alkibiades zur Verantwortung für die ihm zur Last gelegten Frevel heimzuholen kam, that dem Unternehmen grössern Abbruch, als eine feindliche Flotte hätte thun können. Das verführte und verblendete Volk legte selbst den Keim zu seinem Verderben.

Die Oberleitung lastete nun ganz auf den Schultern des N., dem sich Lamachos unterordnen musste, um sich bei den Actionen,

---

[1]) Vgl. Dunker zur 2. Rede der Korinther Bd. 9. 387; Jungbahn über die Reflexionen des Bras. IV. 73. Jahrb. f. Phil. 119. 1879. 385.

[2]) Plut. Nic. 12. 5.

die eine rasche Faust verlangten, von ihm gebrauchen zu lassen. Er ist denn auch im Sommer des folgenden Jahres als ein Opfer seiner Kühnheit gefallen (VI. 101. 6), eben als das Glück der Belagerer auf dem Höhepunkte stand, als eine doppelte Belagerungsmauer von Epipolai bis an die Seeküste beinahe vollständig gezogen war, als viele Sikeler, sogar Tyrrhener, sich den Athenern anschlossen, als die Syrakusaner die Offensive aufgaben, die bisherigen Feldherrn abdankten und die Bürgerschaft durch gegenseitiges Misstrauen zerrissen war. Gleichzeitig mit seinem Tode trat der Wendepunkt ein.[1]) (Th. VI. 103).

Schon während des letzten Gefechts, in dem eine Schaar Syrakusaner bis an die athenische Ringmauer auf Epilolai gedrungen war, hatte N. krank in derselben zurückbleiben müssen. Dieses körperliche Leiden, verbunden mit der ihm eigenen Schlaffheit, machte ihn völlig unfähig, seiner Aufgabe gerecht zu werden.

Ein tüchtiger Feldherr hätte wohl den Gylippos mit seinen 2000 Mann im Sommer 414 (VII. 1. 2) und später wieder, im Frühjahr 413 (VII. 21. 1) mit der unter den Sikelern und befreundeten Städten aufgebrachten Mannschaft nicht unbehelligt durchschlüpfen lassen und auch dem Zuzug vom Peloponnes her energischeren Widerstand entgegengesetzt.

Der Mangel an militärischer Fähigkeit macht sich geltend, sobald ihm ein tüchtiger Offizier gegenüber steht. Noch behält er im ersten Gefecht mit Gylippos die Oberhand, aber nur, weil die Stellung der Gegner nicht durch Pallisaden und Reiterei gedeckt

---

[1]) Diodor XIII. 8. 1. lässt ihn erst im ersten Gefecht nach des Gylippos Ankunft fallen. Obwohl die Nachrichten Diodor's über die Belagerung von Syrakus, die sich mit Thuk. nicht decken, keineswegs zu missachten sind, da sein Bericht in manchen Einzelheiten einer selbständigen guten Quelle folgt (wahrscheinlich Philistos), so sind ihm doch mehrmals chronologische Verschiebungen, resp. Verwechslungen untergelaufen, die man seiner compilatorischen Arbeitsweise wird zu gute schreiben müssen. (vgl. S. 43 dieser Unters.) Wenn er z. B. XIII. 8. 1. die Hilfstruppen, die Gylippos aus verschiedenen Städten, von Himera und den Sikanern, nach Syrakus führte, (nach Thuk. im Frühjahr 413, VII. 21. 1.) durch einen Ueberfall der Sikeler zur Hälfte umkommen lässt, so vermischt er den Zuzug unter Führung des Gylippos, von dem Thuk. VII. 21. berichtet, mit demjenigen, den die korinthischen, ambrakiotischen und lakedaimonischen Gesandten nach der Einnahme von Plemmyrion (Th. VII. 25. 9) sammelten und anführten, und dessen Schicksal uns aus Th. VII. 32 bekannt ist. — vgl. Holm. Gesch. Siciliens i. Alterth. I. Anhang I. pg. 343 ff.. 357. — Ueber Lamachos, ibid. pg. 37.

war (VII. 5). Wie diese beiden Umstände wegfallen oder gar in's Gegentheil verkehrt sind, zieht er den Kürzeren (VII. 6). Dass nunmehr auch die Flottengefechte nach anfänglichen Erfolgen unglücklich ausfielen, kann uns freilich nicht wundern, wenn wir aus dem Briefe [1]) des N. c. 13—14. 1 den jämmerlichen Zustand der Bemannung, wie er nach kurzer Zeit sich herausgebildet hatte, kennen lernen. Und diese Flotte war angesichts der massivern Construction der feindlichen Schiffsvordertheile allein auf die vollkommenere Manövrirkunst angewiesen, in der sie, abgesehen von anderweitigen hindernden Umständen durch den engen Raum des Hafens gehemmt war (VII. 36).

Dass des N. Bitte um Abberufung unerfüllt blieb, war das Verderben des athenischen Heeres.

Von den ihm beigegebenen Collegen Demosthenes und Eurymedon, die mit der gewaltigen Verstärkung von 73 Schiffen und 5000 Hopliten eben anlangten, als N. eine Seeschlacht verloren hatte, (VII. 39—41), hätte der erstere jedenfalls einen Theil der Kriegsmacht der Vaterstadt gerettet. Er war nach seinem verunglückten nächtlichen Angriff auf die feindliche Gegenmauer auf Epipolai zum Abzug entschlossen, zumal da auch die Mannschaft durch die Sumpffieber hart mitgenommen und durch die unglücklichen Gefechte entmuthigt war (VII. 47). Da wollte es nun das Verhängnis, dass er in seinen Entschliessungen durch die Autorität des N. gehemmt war.

Thuk. hat auch wohl die Nothwendigkeit gefühlt, seinen hartnäckigen Widerstand zu rechtfertigen, und in c. 48—49 in der ausführlichsten Weise die möglichen Beweggründe erörtert. Das Hauptgewicht ist wohl auf die Furcht vor dem athenischen Demos zu legen. Denn dass N. vermöge der mit gewissen Leuten in der Stadt[2]) unterhaltenen Verbindungen auch nur noch „einige Hoffnung" (48. 2) hatte, die Belagerten würden des Geldmangels wegen doch endlich zu Kreuze kriechen müssen, und dass er sich

---

[1]) Den ich eher als für eine Copie des Originals für eine Composition des Schriftstellers halte, die den Zweck hat, dem Leser ein Gesammtbild der gegenwärtigen Lage zu geben und ihn auf das Kommende vorzubereiten.

[2]) Es waren offenbar die in Syrakus wider Willen angesiedelten Leontiner (vgl. Th. VI. 50. 4), wie aus Diodor XIII. 18. 5 hervorgeht, wonach die Reiter, welche in der Nacht vor dem beabsichtigten Aufbruch in Hermokrates' Auftrag anscheinend als Freunde den N. warnten, für Leontiner gehalten wurden.

durch die Bitten dieser Partei, welche verrätherische Beziehungen mit ihm pflog, bestimmen liess zu bleiben, wird mir durch Thuk. nicht recht glaubhaft gemacht, wenn er auch dieselben Beweggründe noch ein zweites Mal bestimmter darlegt. (49. 1.) War es denn wahrscheinlich, oder auch nur denkbar, dass die Bürgerschaft, die bisher so viele Opfer gebracht hatte, die von der Klugheit eines Hermokrates und der Energie eines Gylippos geleitet wurde, jetzt, nachdem die neue Gefahr schon so viel von ihrem Schrecken eingebüsst hatte, verzweifeln würde, die Mittel zur Fortsetzung des Krieges aufzubringen, sie, die alle Wege, sich von ihren Freunden hier und dort Unterstützung zukommen zu lassen, offen hatte? War Aussicht vorhanden, dass, wie die Dinge nun lagen, die Partei, welche den Sieg der Athener wünschte und durch Boten dem N. anlag, doch ja nicht abzuziehen (49. 1), in der Bürgerschaft die Oberhand gewinnen würde?

Die Hoffnung, die N. auf die Uebermacht der Flotte setzte, lässt sich wohl begreifen, obwohl aus der Entschiedenheit, womit Demosthenes und Eurymedon (vgl. 49. 3) auf sofortigen Abzug drangen, hervorgeht, dass ihr geübter Blick bei der Ungunst der Kampfbedingungen sofort das Trügerische auch dieser Hoffnung durchschaut hatte.

Die Furcht vor Verdächtigungen durch Demagogen und Sykophanten lag sehr nahe. Waren doch auch im Jahre 424 die nach dem Friedensvertrag von Gela aus Sicilien heimgekehrten Strategen vom Volke verurtheilt worden, als hätten sie sich die Eroberung der Insel abkaufen lassen, Pythodoros und Sophokles zur Verbannung, Eurymedon zu einer Geldstrafe [1]). Dass die Strafe in diesem Falle weniger glimpflich sein würde, weil die ungeheure, zwiefache Rüstung das Ziel viel näher zu rücken schien, liess sich mit Recht erwarten. Des N. Furcht vor dem Denunciantenvolk ist aus Plutarch Nic. c. 14 sattsam bekannt.

Die Klage über den treulosen Wankelmuth des athenischen Volkes und die Unzuverlässigkeit der im Heere befindlichen Athener, die im Stande wären, nachdem sie hier am lautesten über ihre Drangsale gejammert, zu Hause ebenso laut ihre eigenen Feldherrn

---

[1]) Doch scheinen auch die beiden ersten bald wieder Gnade gefunden zu haben, indem wir einen Pythodoros, der nach der gewöhnlichen Ansicht nur mit jenem identisch sein kann, 421 unter den Friedensunterzeichnern (V. 19), 414 als Flottencommandant finden (VI. 105; vgl. Classen. Anm.)

der Bestechung zu bezichtigen (VII. 48. 3-4), ist dem Thuk. sichtlich selbst aus dem Herzen geflossen, ebenso gut wie bei Gelegenheit jener Verurtheilung die Aeusserung über den Uebermuth der Athener, die sich einbildeten, Mögliches wie Unmögliches müsse ihnen gelingen, gleichviel ob die Mittel genügend oder ungenügend seien (IV. 65. 4). Seine Meinung vom athenischen Volke deckt sich insofern mit der des N., dass er ihm dieselbe Unberechenbarkeit, denselben wankelmüthigen, der Intrigue und den demagogischen Verführungskünsten jederzeit offenen Charakter zuschreibt; nur darin gehen sie auseinander, dass diese Auffassung N. mit ängstlichem Misstrauen, Thuk. mit Geringschätzung und Feindseligkeit erfüllt, ohne dass er doch das Grosse, das dieses Volk bei richtiger Führung zu vollbringen im Stande war, verkannt und verkleinert hätte.

Mit dem schönen Worte, das Thuk. dem N. in den Mund legt: „da er den Character der Athener kenne, wolle er lieber, als auf schimpfliche Anklage hin und wider Recht durch die Athener sterben, von der Hand der Feinde, wenn es sein müsste, nachdem er den Kampf gewagt, fallen, aus eigenem Entschluss" (48. 4) täuscht uns Thuk. nicht über den engherzigen Egoismus weg, den er in seinem Widerstand gegen den Abzug bekundet. Ein wahrer Patriot hätte wohl, um dem Vaterland eine Armee zu retten, sein eigenes Leben und seine bürgerliche Ehre zum Opfer gebracht! Setzte denn nicht Demosthenes, der durch seinen verunglückten, verlustreichen Handstreich eigentlich das Uebergewicht der Feinde entschieden hatte, ebenso viel oder mehr auf's Spiel?

Als endlich auch N. durch die Ankunft neuer Verstärkungen in Syrakus aus Sicilien und dem Peloponnes und die zunehmende Verseuchung des Heeres mürbe geworden war, da fügte es das Schicksal, dass durch ihn endgiltig der Untergang der Athener besiegelt wurde. Eine Mondfinsternis trat ein, und der abergläubische N. bestand darauf, dass man die von den Sehern angegebenen drei mal neun Tage abwarte.

Es ist wohl nicht ohne Absicht, dass Thuk. die Notiz vorausgehen lässt: „die Athener in der Mehrzahl hiessen ihre Feldherrn warten, indem sie sich die Sache zu Gewissen nahmen." und dann erst folgen lässt: „und N., welcher ohnedies auf religiöse Dinge u. dgl. sehr viel hielt, bestand vollends darauf, er würde gar nicht einmal mehr berathschlagen über die Frage, wie man eher, als bis man die von den Sehern angegebenen drei mal neun Tage abgewartet hätte, sich in Bewegung setzen könne." Durch dieses Vorschieben der Gesammtheit wird die Schuld und Verantwortlichkeit des N., die Thuk. nicht unbekannt blieb, gemildert, indem die Folgen dieses Aberglaubens nicht dem Einzelnen zur Last fallen. Hatte N. wirklich so entschieden um Abberufung gebeten, wie wir in dem Briefe bei Thuk. lesen. so müssen wir uns wundern über den Eigensinn, mit dem er nun doch immer seinen Willen durchzusetzen weiss. —

So hatten denn die Syrakusaner Zeit, auch den Ausgang des grossen Hafens zu sperren. Die Athener strengten ihre Kräfte auf's höchste an, die Sperre zu sprengen (VII. 56ff.). Trotzdem es nicht zweifelhaft sein kann, dass bei diesem Verzweiflungskampfe die Hauptaufgabe eher dem gesunden und thatkräftigen Demosthenes als dem kränklichen N. zufiel, da ja *er* mit Menandros und Eudemos die Flotte führte, während dieser beim Landheer an der Küste zurückblieb (69.3) so wird doch N. — bezeichnend genug für den Schriftsteller — dadurch ganz in den Vordergrund geschoben, dass ihm die ausgedehnte Ermunterungsrede an das versammelte Schiffsvolk in den Mund gelegt wird (61—64), und wir ihn dann noch mahnend und bittend von Trierarch zu Trierarch fahren sehen (69.1-3), während die Seeschlacht naturgemäss als ein Ganzes, nicht als ein Compositum von Actionen der einzelnen Feldherrn geschildert wird. Nicht als ob die Rolle, die der Geschichtschreiber N. zuweist, seiner aus dem Uebrigen bekannten Eigenart nicht wirklich entspräche; allein N. erhält durch diese rhetorische Bevorzugung[1]) ein Uebergewicht über seine Collegen, das der Wirklichkeit nicht entsprechen kann. Wer nur diese Partie vor Augen hätte, der müsste den Eindruck gewinnen, N. sei die Seele des Ganzen, Demosthenes und die Uebrigen nur seine ausführenden Werkzeuge gewesen.

Der Sturm der athenischen Flotte wurde, trotzdem die Durchbrechung der Sperre im ersten Anlauf gelang, abgeschlagen. Noch machte Demosthenes den Vorschlag, am folgenden Morgen einen zweiten Durchbruchsversuch zu wagen, der Aussicht auf Erfolg habe, weil ihnen noch 60, den Gegnern weniger als 50

---

[1]) Auf der andern Seite nennt wenigstens Thuk. Gylippos nur im Verein mit den übrigen Strategen 65.?. 69.1.)

brauchbare Trieren zur Verfügung ständen (72. 3.). Als diesmal N. zustimmte, versagten die Bootsleute den Gehorsam, niedergeschmettert durch die Niederlage und an einem Erfolge zur See verzweifelnd (72. 4.).

Wir müssen fast erstaunen über des N. rasche Einwilligung in diesen Plan, der nur der Kühnheit und unerschütterlichen Energie eines Demosthenes entspringen konnte. Unser Erstaunen scheint denn auch seine Berechtigung zu erhalten durch die Version, die uns in Diodor XIII. 18. 1–2. erhalten ist. Diodor erzählt: „Die Athener liefen zu den Feldherrnzelten zusammen und baten die Feldherrn, nicht auf die Schiffe, sondern auf ihre Rettung zu denken. Demosthenes nun sagte, man müsse, da die Sperre durchbrochen sei, rasch die Trieren bemannen; und wenn sie unvermuthet angriffen, so versicherte er, würden sie ohne Mühe mit ihrem Anschlag siegen. Nikias hingegen rieth, die Schiffe im Stiche zu lassen und durch das Festland sich zu den befreundeten Städten zurückzuziehen. Ihm stimmten alle bei, steckten einige von den Schiffen in Brand (vgl. Thuk. 74. 2.) und machten ihre Vorbereitungen zum Abzug."

Abgesehen davon, dass dem thukydideischen Bericht über die Vorgänge im athenischen Lager von vornherein mehr Anspruch auf Glaubwürdigkeit zusteht, so dürfte doch, trotzdem das Nichteingehen auf des Demosthenes Rath dem Charakter des N. angemessener scheint, das Uebrige eher den Thuk. bestätigen, nach dem die Schuld an der Nichtausführung des Planes, der, wie man wenigstens nachher urtheilen konnte, noch die meiste Aussicht auf Rettung geboten hätte, allein die Schiffsbemannung trifft. Das Zusammenlaufen der Athener, ihre Bitte an die Feldherrn, die allgemeine Zustimmung zum Rathe des N., das Anzünden von Schiffen spricht dafür, dass sie nur im Rückzug zu Lande ihr Heil suchten, dass also N. nur unter dem Druck der allgemeinen Stimmung handelte.

Doch endlich wurden auch die Beziehungen, die N. mit gewissen Leuten in der Stadt unterhalten hatte, dem Heere zum Verderben. Auf sie baute Hermokrates seine List, durch die er den Aufbruch zum Marsche nach einer befreundeten Stadt verzögerte. Die athenischen Heerführer, so sagt Thuk. 74. 1, zweifelten nicht an der Wahrheit der freundschaftlichen Warnung und blieben nicht nur den folgenden Tag, sondern noch den zweiten dazu — eine verhängnissvolle Zögerung und Unbedachtsamkeit, die zum Theil jedenfalls dem lähmenden Einfluss des N. zuzuschreiben ist. Dieser Aufschub ermöglichte es Hermokrates, mit den syrakusanischen Truppen, die sich nach der Schlacht dem Siegesjubel und der Pflege ihrer Wunden (Diod. XIII. 18, 4) hingegeben hatten, den Athenern die Wege nach dem Innern durch Schanzen und Wachen zu versperren (VII. 73—74).

Wieder ist es N., der auf dem Rückzuge durch seine Trostreden und Bemühungen, die flüchtige Menge in Ordnung zu halten, die Aufmerksamkeit vorzugsweise auf sich lenkt (76—78), während Demosthenes dadurch, dass von ihm dasselbe nur mit einem Worte constatirt wird (78, 1), in zweite Linie gerückt, sozusagen in den Schatten gestellt wird. Die Ursache davon ist nicht etwa darin zu suchen, dass Thuk. den Demosthenes nicht wohl möchte. Die Berichte über seine frühere Thätigkeit in Aetolien, Akarnanien und Pylos widerlegen von vornherein eine solche Annahme [1]). Nichtsdestoweniger scheint mir dieses vorzugsweise Verweilen bei dem einen von beiden ein deutliches Zeichen dafür zu sein, wem im höchsten Masse seine Sympathie zugewandt ist. Aus der weitern Schilderung des unsäglich traurigen Rückzugs wird ja doch klar, und Thuk. verheimlicht dies nicht, dass Demosthenes durch die Führung des Nachzuges die schwerere Aufgabe zufiel. Nur diesem Umstande, nicht etwa der grössern Ausdauer und Autorität über seine Mannschaft ist es zuzuschreiben, dass N. mit seiner Abtheilung bis zum Assinaros vordrang und erst zwei Tage später gezwungen wurde, die Waffen zu strecken. [2])

Demosthenes hat, als ihm jeder Weg zur Rettung abgeschnitten war, als auf die Anerbietungen des Gylippos ein Theil der Sikeler von ihm zum Feinde übergegangen war, für seine Leute einen Vertrag abgeschlossen (82, 2), „dass sie die Waffen abliefern sollten, dass dafür keiner Tod erleiden sollte weder durch Gewalt, noch durch hartes Gefängnis, noch durch Mangel an dem nothwendigsten Lebensunterhalt." Günstigere Bedingungen war es wohl in dieser Lage nicht möglich zu erlangen. Ob die erbitterte Volksmenge von Syrakus sich durch des Gylippos Wort wirklich gebunden

---

[1]) vgl. Swoboda, a. a. O. pg. 37 ff.
[2]) Nach dem Urtheil des besten Kenners der Oertlichkeiten, Ad. Holm, hätte übrigens auch in diesem letzten Moment die Möglichkeit der Rettung nicht ferne gelegen: vgl. Holm, Geschichte Siciliens im Alterthum II. pg. 67.

erachten würde, das konnte man freilich nicht voraussehen. Indessen Demosthenes hat gethan, was er thun konnte.

N. hat nach des Thuk. Bericht in dem Blutbad am Assinaros nicht mehr versucht, das Schicksal der Seinigen durch eine Uebereinkunft, ähnlich wie Demosthenes sie eingegangen war, irgendwie sicher zu stellen. Dass seine Forderung, die er auf die Bestätigung der Nachricht von des Demosthenes Capitulation gestellt hatte: freier Abzug, gegen Ersatz der Kriegskosten, von den racheglühenden Feinden verworfen würde, hätte er sich leicht voraussagen können (83. 2).

Als die Athener am Assinaros haufenweise hingemetzelt wurden, da übergab sich N. persönlich dem Gylippos; über das Loos seiner Heeresabtheilung wurde nichts vereinbart. „Mit ihm selber, so sagte er, möchten er und die Lakedaimonier anfangen, was sie wollten; nur sollten die übrigen Soldaten aufhören zu morden." (85. 1.) Welch ein Edelmuth spricht aus diesen Worten! N. denkt nicht an seine Rettung; er schlägt sein eigenes Leben nichts an; er ist bereit, sich zu opfern, wenn nur seinen Soldaten das Leben geschenkt wird. Und doch erfahren wir bald darauf von Thuk. 86. 3, die Spartaner seien wegen seiner eifrigen Bemühungen, durch einen Frieden die Rückgabe der Gefangenen von Sphakteria zu erwirken, ihm sehr gewogen gewesen, und vor allem deshalb habe er Zutrauen gehabt und sich dem Gylippos ergeben. Also erwartete N. doch nicht, von den Lakedaimoniern am Leben gestraft zu werden; vielmehr schien ihm eben Gylippos am meisten Gewähr zu bieten, dass er mit dem Leben davonkomme. Er hoffte, Gylippos werde sich für ihn verwenden, werde versuchen, ihn der Wuth des syrakusanischen Volkes zu entreissen, wie er es wirklich gethan hat. (86. 2.)

Wenn wir das, was uns Thuk. bietet, erwägen, so werden wir zu dem Schlusse gelangen, dass seine Angaben mit dem Urtheil, das Plutarch Nic. c. Crasso comp. 5. 3 gefällt hat, nicht unvereinbar seien: ὁ δὲ Νικίας αἰσχρᾶς καὶ ἀκλεοῦς ἐλπίδι σωτηρίας ὑποπεσὼν τοῖς πολεμίοις αἰσχίονα ἑαυτῷ θάνατον ἐποίησεν.[1])

Nach der durch Pausanias I. 29. 9 pg. 74 erhaltenen Nachricht des Philistos[2]) haben die Athener von der Stele, auf der die Namen der in Sicilien gefallenen Strategen eingegraben waren, den des N. weggelassen, weil er sich freiwillig ergeben habe und deshalb

---

[1]) vgl. Grote, VII. c. LX. pg. 479 Anm. 2.
[2]) F. H. G. I. Philistos 46.

als ein freiwilliger Kriegsgefangener und ein Mann von unkriegerischer Gesinnung verdammt worden sei, während Demosthenes eine Capitulation für die andern, nicht aber für sich, abgeschlossen, und als er gefangen genommen werden sollte, einen Selbstmordversuch gemacht habe.

Wenn wir nun auch der Ansicht Holm's beipflichten, „dass N. vielmehr wegen seiner gesammten Leitung des Unternehmens, besonders seit der Rückzug nothwendig geworden war, diese Schande erlitten hat,"[1]) ist doch das festzuhalten: beide Feldherren haben ihr Loos von dem ihrer Soldaten zu trennen versucht, Demosthenes, indem er für sie eine Capitulation abschloss, sich selbst durch Selbstmord den Händen der Feinde zu entziehen suchte; N., indem er sein Heer bedingungslos den Lakedaimoniern und Syrakusanern überliess (85.3), sein eigenes Leben durch persönliche Capitulation zu sichern trachtete.

Für die Beurtheilung des Geschichtschreibers Thuk. ist es wichtig zu beobachten, dass dieser Unterschied nicht durch die Erzählung selbst offenbar wird, sondern im Gegentheil bei der eigentlichen Erwähnung des Vorgangs ein so schöner Schleier über das Benehmen des N. gezogen wird, dass der Leser seinen Heroismus über den des Demosthenes stellen zu müssen glaubt und erst allmählich veranlasst wird, durch kritische Prüfung des Folgenden seine Ansicht zu ändern.

Von höchster Bedeutung aber ist für die Stellung des Thuk. zu N. der Nachruf, den er ihm widmet. (86.6.) Schon Grote[2]) hat hier auf die unbillige Bevorzugung des N. vor Demosthenes aufmerksam gemacht; Thuk. habe „seine Blumen gespart, um sie auf das Grab des Nikias zu streuen." In der That lässt der warme theilnahmsvolle Rückblick auf N. ein anerkennendes Wort für Demosthenes doppelt schmerzlich vermissen.

In diesem Nachruf spricht Thuk. die Ansicht aus, N. habe von den zu seiner (des Autors) Zeit lebenden Griechen am wenigsten ein solches Uebermass des Unglücks verdient. Die Worte nun, in denen aus dem besondern Wesen des N. diese Ansicht begründet wird, haben den Erklärern von jeher viel Kopfzerbrechen gemacht: διὰ τὴν πᾶσαν ἐς ἀρετὴν νενομισμένην ἐπιτήδευσιν, so lautet die Les-

---

[1]) Holm, II. pg. 71. vgl. Grote VII. c. LX. pg. 429—30.
[2]) VII. c. LX. pg. 482.

art des Vaticanus, der besten Hdss. nach Classen's Versicherung; διὰ τὴν ἐς τὸ θεῖον νενομισμένην ἐπιτήδευσιν bietet die Mehrzahl der übrigen. Von den Herausgebern und Kritikern haben einzelne der letztern Lesart den Vorzug gegeben oder jede nähere Bestimmung als Interpolation ausgemerzt, so Müller-Strübing.[1]) Die Gründe waren grammaticalischer und sachlicher Natur. Einerseits schien die Verbindung von ἐπιτήδευσις mit der Beifügung vermittelst der Praep. εἰς unstatthaft,[2]) andererseits schien es jedem, der auch nur die vorhergehenden Partien des thukydideischen Werkes, nicht etwa die Characterschilderung Plutarch's im Gedächtnis hatte, unmöglich, dass der Autor dem N. an dieser Stelle ein so überschwängliches Lob hätte zuerkennen sollen, als sei „sein Leben und Streben in der Richtung auf jegliche Mannestugend geregelt gewesen." Nun aber ist nicht einzusehen, weshalb, wenn διὰ τὴν νενομισμένην ἐπιτήδευσιν für sich bestehen und einen passenden Sinn haben kann, ein Interpolator eine nähere Bestimmung gerade mit dieser ungewöhnlichen Verbindung beizufügen sich bemüssigt fühlte, und weshalb er eine solche wählte, die durch ihren Inhalt jeden Leser stutzig machen musste. Leicht erklärlich hingegen ist es, warum das auffällige πᾶσαν ἐς ἀρετὴν durch das unauffällige, mit dem früher Gesagten im besten Einklang stehende ἐς τὸ θεῖον ersetzt wurde.

Nach meinem Dafürhalten haben wir nur zu entscheiden zwischen der Annahme, dass im Urcodex beide Bestimmungen neben einander standen, in der Form wie sie uns die von Poppo angeführte Conjectur Didot's bietet: διὰ τὴν πᾶσαν ἀρετὴν καὶ τὴν νενομισμένην ἐς τὸ θεῖον ἐπιτήδευσιν, und derjenigen, dass die ursprüngliche Lesart die des Vat. gewesen sei, dass dieselbe sehr früh durch die andere: ἐς τὸ θεῖον ersetzt worden sei, und dass diese beiden Recensionen neben einander her sich weiterpflanzten, und zwar so, dass die letztere wegen ihrer grössern Verständlichkeit die erstere beinahe verdrängte und nur der auch sonst auf vorzüglicher Vorlage beruhende Vat. sie uns vermittelt hat. Ich entscheide mich für die zweite. Denn wenn auch jener Vermittlungsvorschlag eine nach Sinn und Form recht befriedigende Lösung bietet, so ist doch eine Ursache der immerhin nicht einfachen Verschreibung resp. Verstümmelung nicht leicht zu finden,

---

[1]) Aristophanes pg. 636 ff.
[2]) Vgl. Poppo's Ausg. 3⁴ zu c. 86.

während gerade die ungewöhnliche Ausdrucksweise und das Unerwartete, nicht auf den ersten Blick Verständliche in der vom Vat. erhaltenen Lesart ein Zeugnis legitimer Herkunft zu sein scheint. Auch die über Form und Inhalt erhobenen Bedenken werden schwinden, wenn wir mit Classen πᾶσαν als Attribut zu ἐπιτήδευσιν ziehen, ἐς ἀρετὴν eng mit dem Part. νενομισμένην, nicht mit dem Subst. ἐπιτήδευσιν verknüpfen und endlich ἀρετή dem thukydideischen Sprachgebrauch entsprechend als „rechtschaffene, sittlich tüchtige Gesinnung", nicht als „Mannhaftigkeit, energisches, rücksichtsloses Verfolgen eines bestimmten Zwecks" auffassen.[1]

Es wird zugegeben werden müssen, dass Thuk. den Ausdruck, wie er nach Classens Ansicht zu verstehen ist, „mit grosser Ueberlegung" gewählt hat; aber ebenso zuverlässig glaube ich annehmen zu dürfen, dass der Widerstreit der Codices seinen Grund in dem Anstoss hat, den das Urtheil des Thuk. von Anfang an erregte, gesetzt auch, dass es sich den ersten Lesern nicht genau in der von uns gutgeheissenen Form darstellte; dass alle Aenderungen der Absicht entsprangen, die in diesem Urtheil enthaltene, augenscheinlich zu hoch gestimmte Anerkennung auf ihr richtiges Mass zu beschränken.

Das aber scheint mir aus der ganzen geschichtlichen Darstellung des Thuk. hervorzugehen, dass er in der That die Handlungsweise des N., nicht nur in seinem Privatleben, sondern auch in seinem öffentlichen Auftreten nie von eigentlich unehrenhaften Regungen ausgehend betrachtet wissen will,[2] so sehr er daneben auch das Unzulängliche seiner Fähigkeiten, den Mangel an Thatkraft, das Fehlen von jeglicher Genialität, wie er sie einem Brasidas zuerkennt, durchschaut und in seiner Darstellung zum Ausdruck gebracht hat.

Und sollten sich auch wirklich in Thuk. Widersprüche in den characteristischen Aeusserungen über Personen nachweisen lassen, sollte sich das an verschiedenen Orten, bei verschiedenen Gelegenheiten Gesagte auch nicht völlig decken, so ist das meines Erachtens nicht ein Grund zur Annahme von Interpolation, braucht nicht einmal entschuldigt zu werden mit der unvollendeten Redaction

---

[1] Vgl. Classen, Einl. LV. Anhg. zu B. VII. c. 86.
[2] Auch in die Motivirung seiner Friedenstendenzen V. 16. hat man nach meiner Meinung diese Schärfe des Urtheils, die eigentliche Verurtheilung erst hineingetragen. Müller-Str. Arist. pg. 636. Steup, Rhein. Mus. 25. pg. 296.

des Gesammtwerkes, sondern dürfte gerade als eine Spur vom Ringen des Thuk. mit der historischen Wahrheit und Gerechtigkeit zu betrachten sein. Der Historiker seiner eigenen Zeit hat zwar wohl die Wahrheit bis zu einem gewissen Grad erkannt; er strebt darnach, sie zum Ausdruck zu bringen; aber die Gefühle des persönlichen Wohlwollens sind noch so lebendig, die Eindrücke des Sympathischen noch so frisch, dass er wohl da oder dort im Einzelnen die nackte Wahrheit durchblicken lässt; wo aber ein Gesammturtheil zu fällen ist, wo die Wahrheit in ihrer ganzen Blösse sich dem Leser offenbaren sollte, da hindern ihn jene Gefühle und Eindrücke, den milden Schleier, durch den er selbst sie bisher immer sah, von ihr wegzuziehen.

Das soll aber kein Anlass sein, den Thuk. zu rechtfertigen. Sein Geschichtswerk zeigt doch auch zur Genüge, dass er tiefer zu blicken vermochte als das athenische Volk seiner Zeit, dass seine Urtheilskraft weit stärker ausgebildet war als die der grossen Mehrzahl seiner Zeitgenossen. Und gerade für das Eigene, das N. an sich hatte, bemerken wir, dass Thuk. ein sehr feines Auge gehabt hat.

Wir dürfen wohl sagen, er habe gefühlt, dass N. der böse Geist des sicilischen Unternehmens gewesen sei, dass eben er den Rettungsengel, wo er sich nahte, verscheucht habe. Aber ebensogut, scheint mir, dürfen wir behaupten, dass er dies wohl durch seine Relation den Leser hat ahnen lassen, es aber vermieden hat, die Anklage der Verschuldung je in ihrer ganzen Schwere auf ihm lasten zu lassen. Dieser Umstand und seine Bedeutung werden besonders deutlich zum Bewusstsein kommen, wenn wir eine Parallele ziehen zwischen der Behandlung, die Thuk. dem N., und derjenigen die er dem Kleon hat zu Theil werden lassen.

Im Bericht über die Volksversammlung in der Pylosaffaire, durch die Kleon, der Demagoge, wider Willen zum Strategen gemacht wurde, stellt sich uns Kleon dar als eine Figur, zusammengesetzt aus intriguanter Bosheit, Prahlsucht und Feigheit zugleich. Seinem Gebahren werden unedle, unehrenhafte Motive zu Grunde gelegt. Auf der andern Seite kommt das Unehrenhafte in der Rolle des N. nicht nur nicht zum Ausdruck, sondern er erscheint in diesem Zweikampf auf der Agora eigentlich als der Sieger. Nach der thukydideischen Erzählung bleibt seine Ehre unangetastet; auch der blendende Erfolg seines Widersachers scheint spurlos an ihm vorüberzugehen, scheint auf seine Gestalt keinen dunkeln Schatten geworfen zu haben.

Ebenso weiss Thuk. das Benehmen Kleon's als Heerführer bei Amphipolis nur aus solchen Beweggründen abzuleiten, die seinem Rufe nachtheilig sind. Anmasslichkeit, Hochmuth, sträfliche Nachlässigkeit lassen ihn alle Vorsichtsmassregeln vergessen; Kopflosigkeit und Feigheit im Augenblicke der Gefahr führen ihn in ein schmachvolles Ende.

Wo finden wir die Fehler, die N. als Führer der athenischen Armee in Sicilien begangen hat, ebenso unbarmherzig an den Pranger gestellt? War die Nachlässigkeit, die es Gylippos ermöglichte, mit Heeresmacht in die schon beinahe ganz ummauerte Stadt zu gelangen, nicht eben so sträflich, nicht von ebenso verhängnisvollen Folgen begleitet als die Kleon's?[1]) Und dennoch werden wir vergeblich nach einem Worte suchen, das deshalb eine ernstliche Rüge gegen N. ausspräche. Während Thuk. das Missgeschick des einen kurzweg als Folge seiner Unfähigkeit und Selbstüberschätzung dargestellt hat, werden die verhängnisvollen Missgriffe oder Unterlassungssünden des andern entweder stillschweigend berichtet, oder auf's wohlwollendste mit Gründen gestützt, die sein Thun entschuldigen, zum mindesten begreiflich machen sollen, und die in dem Leser nicht wie bei jenem die Regungen des Vorwurfs, der Entrüstung, der Verachtung, sondern nur die mitfühlenden Bedauerns aufkommen lassen. Verdienste, die unzweifelhaft seinem Collegen in eben demselben Masse zuzuerkennen sind, werden durch die eigenthümliche Art der Darstellung in unverhältnismässiger Weise auf seinen Namen aufgeschichtet. Ja, wie ich wahrscheinlich gemacht zu haben glaube, können wir selbst beobachten, dass an einer Stelle, wo entschieden Ungünstiges von N. berichtet wird, eine schöne Redensart, die demselben in den Mund gelegt wird, die Sympathie des Lesers lebendig erhält.

Wer, die erwähnten Momente erwägend, die Berichterstattung des Thuk. über den letzten Theil des Feldzugs überdenkt, wird sich kaum des Eindrucks erwehren können, als existire der „besondere Grad von Energie und Heroismus," die „musterhafte Entschlossenheit", die Grote bei all seiner herben, unerbittlichen

---

[1]) Vgl. darüber die erschöpfenden Erwägungen von Grote, VII. c. LIX. 353. 361/2. 364 f.

Kritik dem N. für seine Haltung in dieser Zeit zugestanden hat,[1]) bis zu einem gewissen Grad eben auch nur in der Anschauung und in der Darstellung des Thuk., als zerflösse schon mit Weglassung des rhetorischen Theils, als dessen Träger aus guten Gründen N. gewählt ist, ein beträchtlicher Theil von dem Nimbus, der hier seine Gestalt mit versöhnendem Glanze umstrahlt.

Es ist hier, wie mich dünkt, noch ein anderer Umstand in Rechnung zu bringen, als nur der, dass Thuk. die Gesinnung seiner Zeitgenossen wiedergebe, ihre Ueberschätzung des Mannes theile. Durch die Parallele mit Kleon verräth sie sich selbst. Dem Mann, der in hoher gesellschaftlicher Stellung stehend, die bürgerlichen Pflichten mit dem adligen Aufwand eines Kimon erfüllte, und im politischen Leben die Principien des begüterten, aristokratischen Theils der Bürgerschaft, einer mit den democratischen Staatsformen, wenn auch nur gezwungen, ausgesöhnten Aristokratie [2]) vertrat, war von vornherein die volle Sympathie des Thuk. zugewandt. Wenn ihm auch die engen Grenzen seiner Fähigkeiten nicht verborgen blieben, so betrachtete er doch seine Schwächen als an einem *Standesgenossen* mit wohlwollenderem Auge als Alles, was ihm an dem aus niedrigern Sphären emporstrebenden, sich unfein und rücksichtslos gebärdenden Kleon missfiel.[3])

Für die Kenntnis des Geschichtschreibers Thukydides dürfte sich aus dieser Untersuchung über die Behandlungsweise, die er dem Nikias zu Theil werden lässt, dies als Ergebnis herausgestellt haben:

In seiner „Stellung zu Personen" ist er über Einwirkungen, denen andere Geschichtschreiber ihrer eigenen Zeit unterworfen sind, nicht erhaben. Die Wahrhaftigkeit der mitgetheilten Facta wird zwar durch die Controle, soweit sie durch ihn selbst und secundäre Quellen kann ausgeübt werden, nicht erschüttert; allein die Darstellung des Verhältnisses, indem die Personen zu ihnen stehen, die Deutung der sie in ihren Handlungen bestimmenden

---

[1]) Grote, VII. c. LX. pg. 458. 471.
[2]) Vgl. Beloch pg. 289.
[3]) Das ungleiche Interesse für N. und Demosthenes, das sich in der letzten Partie des 7. Buches kund gibt, wird wohl aus demselben Umstande zu erklären sein, insofern nämlich als Thuk. in Demosthenes nur den talentvollen Offizier, in N. aber den Bürger und Standesgenossen schätzte.

Motive wird durch die persönliche Werthschätzung derselben durch den Geschichtschreiber nicht unbedeutend influenzirt. Wo die Thätigkeit eines Mannes zu zeichnen ist, mit dem ihn Uebereinstimmung der politischen Anschauung, Hochschätzung seiner Vorzüge als Privatmann enger verkettet, da beschreibt sein Stift weichere, gefälligere Züge als im entgegengesetzten Falle. Aristokratische Gesinnung der zeitlich nahe stehenden geschichtlich bedeutenden Persönlichkeit benimmt dem aristokratischen Geschichtschreiber von vornherein die Schärfe des Urtheils.